在書裡遇見未知的自己

高靈送給人類的30本靈性書籍

日本心靈類翻譯書的最重要推手

山川紘矢　山川亞希子—著

江宓蓁—譯

前言

一九八六年三月，日本地湧社出版了莎莉．麥克蓮（Shirley MacLaine）的作品《心靈之舞》。出版時幾乎沒有進行任何宣傳，翻譯者也只是個無名小卒，出版社本身更是才剛成立幾年，毫無知名度可言。有名的唯獨作者莎莉．麥克蓮而已。

但是首刷四千本卻在一個多月內全數售罄！而且從書本發售的隔天開始，每天都會有幾封來自全國各地的信件，寄到我們這些經手翻譯的人手上。所有信件都是為了傳達閱讀完這本書之後的感動而寄。每個人都感覺到，自己在看完莎莉這本書之後，人生的方向出現了改變。

在此之前，《心靈之舞》這本書就已經改變了我們的人生。它讓我們看見了肉眼無法得見的世界，此書出版後，所有人知道自己擁有靈魂，也了解意識擴張是多麼重要，同時，人們也才知道世上有各式各樣宇宙規模的變動在發生。

此後，我們便一直持續將靈性世界，也就是將所謂新時代（New Age）【譯註1】領域的歐美書籍翻譯成日文。我們翻譯了非常多書，其中有幾本榮登暢銷排行榜，當然也有二十年來始終熱賣的長銷書。而從第一本書出版至今已經過了二十五年。轉眼即逝的二十五年，四分之一個世紀。

在這段期間，許多人開始對肉眼不可見的世界敞開心房，也讓自己的意識遠遠擴張。至今已有無數的靈性世界或新時代的相關書籍出版，而書店裡也出現了靈性世界書籍專區。二十五年前所沒有的靈性療法（Spiritual Therapy）或靈性工作坊（Spiritual Workshop），現在已是相當普遍。只要連上網路，類似的相關資訊要多少有多少。

而其中最重要的就是，在二十五年前被認為「這樣不是很怪嗎？」的觀念，例如「愛自己」、「自己的人生是自己的責任」、「人類的確進行著輪迴轉世」、「我們是有靈魂的」、「更加重視自己的直覺」、「認識自己是最重要的」、「所有問題的解答都在自己身上」、「所有事物都環環相扣」等，還有最近出現的「一切皆由想法吸引而來」，漸漸變得越來越普及。如果曾偶爾在電視廣告歌曲中聽見「你喜歡自己嗎？」之類的語言，就可以知道歌詞具新時代意涵的歌曲正大肆流行。

可以說在這二十五年，我們的意識被廣大地開啟並且逐漸變化。當然，或許這種想法尚未成為社會主流，但是實際上已經逐漸取得了足以改變社會的力量。

就在你我身處的二十一世紀，一個充滿著愛、和平與透明知性的寶瓶座世紀正來臨。至今一直由金錢、權力、憎恨與恐懼所支配的時代，正逐漸轉變成洋溢著愛與和平、慈愛與協調的時代。一般也認為現在正是舊時代框架逐漸崩潰的時代，經濟和社會都需要變化。為了創造新事物，勢必得將舊有的事物破壞。現在世界上發生的各種事件正是如此，而其中可能已經有新的框架正在一點一滴地形成也說不定。

因此，我們決定簡單回顧一下從事至今的工作，而成果就是這本《在書裡遇見未知的自己：高靈送給人類的30本靈性書籍》。

首先從我們翻譯過的書籍當中，選出了有助於認識靈性世界、改變我們想法的書。同時我們也挑出由其他譯者翻譯，並帶給我們巨大影響的書。雖然我們只是選了自己喜歡的，不過最後挑選出來的每一本書都是擁有眾多讀者、廣受歡迎的重要書籍。

我們選書的基準如下：

1. 近二十五年內出版的靈性世界翻譯書。
2. 擁有改變人心的強大力量。
3. 優先從我們翻譯的書當中挑選。
4. 剩下的就挑選我們最喜歡的，而且能夠促進我們成長的書。

想必有許多讀者會覺得「這些書我幾乎都讀過了」。「比起這裡列出來的書，其他的書還要更重要、更好」之類的意見應該也相當之多。每個人心目中最棒的三十本書都是不一樣的，而我們認為，這同樣也是一件非常美好的事。

當然，二十五年以前出版的書籍當中亦有許多絕佳的作品，但是基於這次的選擇基準，所以我們故意不去涉足那部分。至於限定翻譯書的原因，則是因為現在傳達給我們新時代的思維並廣大開啟人們意識的書，都是以這類翻譯書為主。最近以日文寫作的書籍當中也如雨後春筍般地出現許多佳作，真的讓人非常期待。

書裡介紹的每本書都會有各自的相關解說，另外我們也盡力書寫出自己與該書有關的體悟和經驗，如果這樣的內容您也喜歡讀的話就太好了。此外若是當中還有您尚未讀過的書，請務必閱讀看看。即使是已經讀過的書，也可能會讓您興起再看一次的念頭。這些書都可以讓您藉由反覆閱讀，再再有全新的發現。無論如何，都請您盡情地閱讀這本書吧！

山川紘矢、山川亞希子

【譯註1】新時代（New Age）：指一九六〇年代在歐美各國開始萌芽的一種心靈啟蒙運動，漸漸影響遍及世界各國。其理念、精神與之前的世界性主導文化（舊時代的文化）有所不同，所以叫做新時代。「新時代」是指象徵人道主義的「寶瓶座時代」，西方神祕學認為現在是一個轉型期，正準備進入「寶瓶座時代」，人類正由追求社會的、物質的、科技層面的進步，演進到注重「心靈」、「精神」層面的探索。

目錄

心靈之舞

Out on a Limb

中文版
莎莉・麥克蓮／聯合文學
2002年8月初版
英文版
Shirley MacLaine／Bantam
1983年初版

一九八三年，美國出版了一部跨時代的作品。這部作品就是由當時活躍於好萊塢的女星莎莉．麥克蓮執筆的《心靈之舞》。她以演員身分演出了無數電影作品；入圍了數次奧斯卡最佳女主角獎；環遊世界各地；同時長期地積極參與政治活動與社會活動。當時的她正處於演員生涯的最高峰，而且已經出版了兩本書籍記錄自己的生平和旅遊各地的體驗談。

但是她的第三本書，內容卻是無法從她過去的經歷聯想到的體驗。這本《心靈之舞》所描繪的是她透過與歐洲的政治家相戀，最後得以被引導至一個未知的、肉眼不可見的世界的體驗。為什麼我打從和這個人相遇、第一次見到這個人，就毫無來由地彼此互相吸引，而且發展成戀愛關係呢？她開始對此覺得相當不可思議。當她探究原因時，遇上的是「我到底是什麼人？」、「人從何處來？又將回到哪裡去呢？」、「肉眼看不見的世界是否存在？」、「我們是否正處在肉眼看不見的世界的引導之下？」、「輪迴轉世是否為真？」等根源性的問題。

此後她便開始不斷累積各種神祕體驗，最後終於被引導至祕魯的深山之中，抵達某座礦泉。在那裡，她初次體驗了靈魂出竅，並和某位來自宇宙的女性談話，最後終於接納了自己的命運。

書中將這樣的體驗描寫得栩栩如生，轉眼間就在美國銷售了三百萬冊，成為暢銷書籍。因為這是著名演員的作品，而且莎莉自己也在電視和新聞上大力宣傳，促使許多人購買這本書。她所描繪的靈魂之旅，更是讓許多人如痴如醉。原來我們都有靈魂，都是神的一部分啊；人類一直都在反覆著輪迴轉世呢；我們可以向肉眼看不見的高靈們學習各種事物……等等，書裡寫滿了許多至今我們仍然不清楚的、肉眼不可見的世界的各種事物。

當時（即便是現在也很容易被人如此誤會）這種肉眼看不見的世界的事物，也就是所謂的靈性世界還有靈性的事物，一直都被視為異端之說。這是因為根深蒂固在所謂文明社會中的價值觀，認為只有科學性思考才是最正統的事實，科學無法證明的事物全部都只不過是可疑的妄想，這種東西根本不值得認真看待。在這般充滿偏見的年代，莎莉選擇將這本書拿出來攤開在眾人面前，勇氣非凡，實在是很了不起，這在當時可是很有可能危及事業的。實際上，她也的確遭受不少非難。

其實從一九六〇年代開始，世界各地便接二連三地出現了許多人提出靈性的概念，但是仍然屬於少數派，尚未進入一般人的意識當中，甚至被認為是那種在印度的靜心所或以日本禪修行到一定程度的特異人士，或是脫離一般社會的特殊人物才會信奉的哲學。至於人有靈魂、和宇宙意識合而為一是無比重要之事等，這些觀念都未能進入許多人的意識當中。其他偶然得知這些觀念的，也幾乎都是認為「和我無關」、「這些人真奇怪」的人。

但是，由知名女演員，同時也是眾人仰慕的對象——莎莉所寫的《心靈之舞》卻獲得了社會性的巨大成就。而且就一本關於靈性世界的書籍來說，這應該是第一本透過電視媒體宣傳的書。因此它成功吸引了眾人的目光，書店的暢銷書架上也放滿了它，誠如先前所說，這本書轉眼間便成為全美暢銷書籍。

當然，有很大一部分的原因是因為這本書是由莎莉這樣的知名人士所寫，光是她的粉絲來讀這本書，也夠多人了吧！不過這本如實描繪了她探索靈性的旅程的書，確實是一本有趣的讀物。當我們興奮不已地閱讀她的戀愛史、環遊世界之旅、追尋自我的過程、靈通、幽浮、靈魂出竅體驗，還有輪迴轉世之類來自於未知世界的嶄新接觸時，我們也自然而然地被引導至靈魂的世界，最後逐步能察覺到自己到底是誰，了解這個宇宙究竟是什麼樣子。

換言之，這本書為許多人的內心開啟了前往肉眼看不見的世界、前往真實世界的大門。

「這是真實的世界。眼前所見的世界只不過是真實世界的一部分。當我們將意識延伸出去時，就會有一個意想不到的美好世界出現在我們身邊。而且這個世界會向所有人敞開大門，今後也會有更多人前往探訪。」

透過以上這段話，讓世人知道一直以來被認為是專屬於某些特殊人士的靈性世界，絕非只對少數特定人士開放的，正是莎莉所寫的這本書。

就此意義上來說，《心靈之舞》向一般社會介紹靈性世界，並使許多人把注意力放在靈性世界上，可說是做出了極大的貢獻。甚至有部分人士稱呼莎莉為二十世紀最偉大的思想家之一。因為，莎莉藉由她自身的體驗告訴我們：我們就是神，我們就是靈體的存在，肉眼不可見的世界其實和我們緊緊相繫。至今一直被視為神祕學（occult）而讓許多人敬而遠之的事物，正是我們往後一定要知道的事。

不只在美國，這本書也在歐洲和亞洲各國出版了翻譯本，開啟了世界各國人們的雙眼，讓他們得以接觸到靈性世界、新時代，以至於靈魂的世界。事實上我們也是被這本書引導至肉眼不可見的世界，使人生出現了一百八十度巨大轉變的其中一人。

當時我們住在美國的華盛頓特區。外派至華盛頓的前一年，我們的人生就開始出現了重大的變化。因為我們參加了一個講座，學習到了解自己還有愛惜自己的重要性，我們知道了真正的學習絕非是學習自己的外在之事，而是學習有關於自己的內在之事。從此我們便開始深入關照自己的內心。

至於莎莉這本書，我們是在出版半年之後才知道它的存在，但是始終沒有拿起來閱讀的欲望。直到出版後一年，紘矢將他女秘書桌上的這本書借回來閱讀，這就是一切改變的起點。

在這本書裡，有一句話被反覆提及了許多次，那就是「了解自己，是最要緊的事」，這和我們一直以來學習的道理不謀而合。我也在紘矢的推薦下立刻開始閱讀。才看了第一行，我就被拉進了書中的世界，彷彿和莎莉一同苦惱、一同學習、一同在世界各地旅行似的。而書中所寫的內容正是自己一直想要知道的事物，而且實際上應該也是自己已經知道的事物。一個嶄新的世界就在自己的眼前開展。對於自己第一次開始學習真理，我的內心感到雀躍不已。

接著，紘矢開始提起「想把這本書翻成日文，讓日本人也有機會讀到。」我嚇了一大跳，因為翻譯這種事情以前根本沒做過啊！而且莎莉可是曾經住在日本的著名女星，這本書肯定早就已經被翻譯成日文了。

但是紘矢根本不理會我的話，逕自向出版社聯絡，得知此書尚未被譯成日文，同時對方也告訴我們如果有日本出版社買下版權就可以翻譯。之後的一切流程就像是冥冥之中自有安排似的，對出版一竅不通的我們，眼前接二連三地出現了知曉必要資訊的人們，眨眼之間便確定了這本書將在日本出版。後來雖然經歷一番波折，但是日文版的《心靈之舞》依然在一九八六年三月由地湧社出版發行。

發行沒多久，我們就收到了來自日本各地的讀者來信。每封信上都寫著「這正是我一直想知道的事，而且是很早以前就知道的。我覺得自己的人生似乎徹底改變了。」同時很不可思議的，我們也獲得報紙報導，而且也有知名人士在他的專欄裡刊登有關這本書的文章。

不過這本書並沒有立刻成為暢銷書。對當時的日本來說，新時代還有靈性世界仍屬近乎陌生的領域。這個領域的書籍非常非常少見，頂多會在大型書店擺上幾本而已。當時的地湧社也只是一家成立不久的小出版社，完全不具備宣傳書籍的能力。

然而讀者的來信卻從來不曾間斷，每天平均都會有三至四封信寄到我們這裡，讓人覺得這本書其實是細膩深刻地緩緩滲透人心。

另一方面，莎莉也接連完成了幾本續集。當日本出版《心靈之舞》時，美國已經出版了續集《*Dancing in the Light*》。觀察過讀者的反應之後，地湧社馬上決定翻譯出版這本書。然而當時的我們，其實還沒有做好以翻譯為職的決心，充其量不過是想至少出一本書看看而已。不過在看到讀者的反應和莎莉的幹勁之後，我們實在無法就此退出。因此我們便開始著手翻譯第二本書。

隔年春天出版的《*Dancing in the Light*》當中，描述了莎莉更豐富的靈魂之旅。透過深入探究自己的前世，她逐漸了悟今世的人生目的以及人際關係的真正意義。這本書剛出版的同時，讀過前作的讀者們便飛也似地搶購閱讀。到了下一年、下下一年，莎莉都寫了續集。而我們也追隨她的腳步，一年接著一年翻譯下去。

在寫作的同時，莎莉也活躍在大螢幕之前。〈親密關係（*Terms of Endearment*）〉這部電影讓她在一九八四年得到了奧斯卡最佳女主角獎。緊接著《心靈之舞》也在一九八七年改編成電視影集。莎莉自己也寫道，這部由ABC電視台播放的影集，其衝擊效果之大，幾乎讓美國人對於新時代和靈性世界的態度在一夜之間徹底改變。這應該是因為看電視的人遠比看書的人要多出許多的緣故。

在美國的朋友將這部影集錄了下來寄給我們。那真是一部拍攝得非常好的影集。後來藉由某位在SONY工作的女性協助，這部影集的錄影帶得以在日本國內上市，而莎莉的著作也如同野火燎原般風行起來。不管翻開哪一本雜誌，上面都刊登了關於《心靈之舞》的巨幅廣告，而其中也一定會註明原作是由地湧社出版。才一轉眼間，莎莉的三本著作便開始持續盤踞在暢銷書排行榜上。

我想這應該是因為日本人總算也開始願意接受新意識之廣大無涯吧。到了這個時候，我們也好不容易真正領悟到自己的職責就是將靈性世界的書籍介紹到日本來；另外也了解到莎莉的一系列作品全都是使人的意識向外擴張的重要書本。於是我們一年接著一年翻譯莎莉的著作，直到第五本

《*Going Within*》為止。

有一段時間，莎莉一直以新時代之旗手身分寫書並開設工作坊，且以此活躍在螢光幕和廣播電台上。但是過沒多久她便漸漸淡出了這些活動，因為人們實在太過依賴莎莉，令她感受到危險性。本來每一個人都應該可以自己解決自己所有的問題、都能學到一切所需之事才對，但是有許多支持者忘了這件事，只顧著向莎莉尋求問題的解答。同時這個領域當中也開始不斷出現新的作者和領導者，漸漸開始出現了更廣大的格局。相信無論是靈性世界和新意識的擴張，都是由於地球和人類正在進化當中。莎莉這本書讓許多人注意到這件事，同時也是將我們引領至追尋自我之旅的第一本書。

一九三四年出生的莎莉已經七十七歲了，至今依舊活躍在大螢幕之前，而且她也不時像是福至心靈似地寫作出版。最近的一本作品是名為《*I'm Over All That*》的小品集。書中寫道，她認為今年（二〇一一年）世界開始出現劇烈的轉變，而且明確描述著將來世界將會如何變化下去。

在這個轉變的年代，我們真的希望能有更多人再次閱讀莎莉的作品，特別是這本《心靈之舞》。因為這本書就像是百科全書一樣，清楚簡單地告訴了我們自己到底是誰；我們到底處在地球與人類歷史當中的哪一個階段；真實的世界究竟是什麼樣子等等。同時最值得推薦的一點，那就是以一本讀物來說，這本書真的寫得非常好。

地湧社出版的五本書，現在已經有地湧社原版和角川書店文庫版兩種版本。尚未接觸過的讀者請一定要讀讀看。至於之前已經看過的讀者，請在這個年代裡以重新複習的心態再讀一次看看吧！

探索自我

Going Within

中文版

莎莉・麥克蓮／未出版

英文版

Shirley MacLaine／Simon & Schuster

1989 年初版

若提到莎莉．麥克蓮，《心靈之舞》肯定是她最著名的代表作。不過事實上，她寫了五本關於探索自身靈性之旅的書籍，就像是系列作品一樣。在日本，第一本翻譯作品是《心靈之舞》（一九八三年），之後則有《*Dancing in the Light*》（一九八五年）、《*It's All in the Playing*》（一九八七年）、《*Don't Fall Off the Mountain*》（一九八九年），最後是我們現在要介紹的《探索自我》（一九八九年）。最後這一本書的副標題為「脈輪與冥想」。當此書於一九九〇年在日本出版時，正好碰上SONY發售《心靈之舞》的影集，因此莎莉的一系列書籍便接二連三地成為日本的暢銷書，甚至有一段時間暢銷書排行榜上同時出現了莎莉的三本作品。

身為一個將新時代思想傳播到世界各地的傳播者，莎莉的確佔有極為重要的地位。也因為她是好萊塢的著名女星，而且全球皆知，所以她的書才會備受全世界矚目。但是也正因為她是電影明星，所以媒體和知識份子似乎都把她的作品視為「作風古怪的女明星所寫的靈異故事」，因而忽略了書裡隱含的驚人哲學性以及真正的作用何在。特別是她將新時代的意義公諸於世，並正面談論輪迴轉世，這些都可說是勇氣可嘉的行為。

《探索自我》可說是莎莉將自己探究內心的旅程全部匯整而成的一本書。當然，這是永無止境的旅程，今年七十七歲的她，現在仍然不斷地探索自我並持續地深入靈性世界。但是在寫完這本書之後，她便暫停了與靈性世界有關的寫作。應該是藉由這本書的完成，進而與這類活動劃清界線吧。

這本書非常明確地告訴我們何謂靈性的探索以及新時代究竟是什麼。所謂靈性的探索，就是學習並了解為了改變這個世界，我們一定要從認識自己是什麼樣的人、同時改變對自己的看法開始。事實上，我們也是為了這個目的才誕生在地球上，而且所有事物都是從現在這一刻，由我們自己內心所做的選擇開始的。「認識你自己」，要是不去接觸自己內心當中的真理，人就無法真正理解這個世界以及人類，也無法理解人們的痛苦與對立，還有人生究竟所為何來。「為了理解他人，為了去愛他人，首先我們必須從了解自己、喜愛自己開始。」對此事的察覺，才是探索靈性的本源。

新時代其實並不是全新的觀念，只是將自古代流傳至今有關靈性方面的看法重新匯整，最後使其在熱中西方理性主義的現代社會當中重生而已。莎莉明確地說出新時代最重要的中心思想就是「一切責任皆在己」。不管自己的週遭或是世界發生了多麼悲慘的事件，全部都是自己的責任。「發生在人生當中的所有事件，都是互有關聯性的。所以對於人生中發生的所有事情，我們都必須負起責任。」而我們第一個必須負起全責的對象，就是自己本身，必須真正的好好對待自己。

這絕對不是一件簡單的事。莎莉說，因此我們必須要求自己再三回顧自己本身，從正面面對自己。而這麼做的理由，是為了原諒那個不明白「只要能愛自己，就能去愛全人類甚至全世界」這個道理的自己。

現在日本人總算開始一點一滴地理解何謂「人生就是自己的責任」。自己的不幸絕非政府、國家、父母，或是其他任何人的錯，而是選擇了這個人生的自己必須負起全責。了解這一點之後，我們才能真正開始朝著下一個新境界邁進。我個人認為，莎莉說的「所謂新時代就是關於自己的責任」這句話，就是這本書最重要的訊息。

另外，《探索自我》這本書所扮演的角色，相當於莎莉所寫的其他書，例如《心靈之舞》等的實踐手冊。今日，脈輪和冥想等用語都已經變得相當普遍，但是在一九八九年本書出版的時候，仍屬鮮為人知的用語。我是在一九八五年時第一次聽到脈輪這個詞，當時的我甚至連spiritual（靈性）這個字的意義都不是很清楚。心裡只想著「脈輪是什麼玩意？」而已。

這本書詳盡地說明了脈輪是什麼，同時也教導我們冥想的方法。只要按照這本書上所寫的方法進行冥想，我們對於事物的看法與態度就會自然而然地改變，人生也會漸漸變得積極樂觀而平和。

本書誕生於莎莉當時在美國各地舉辦的自我改革講座之中。她在美國各地舉辦的講座大受好評，但是卻也因此出現了太多開始依賴她的人。對此感到危險的莎莉，在進行了整整一年之後便終止了這個講座。

除了實踐性的學習法，本書的後半有一篇非常有意思的短篇故事，內容是關於莎莉在旅途中遇見的超能力者們。其實莎莉也是一個好奇心旺盛、企圖嘗試任何可能事物的勇敢冒險家。她不只是在這個世界上到處探險旅行，同時也鼓起勇氣闖進了一般人稱為靈異的世界裡，與通靈者、療癒者、超能力者、透視者等各種靈能者相會，向他們學習各種新知。而透過這些經驗，她確信了這個世界上的確有科學和邏輯無法解釋的事物，以及除了我們存在的這個次元之外，還有其他更高次元的世界。

這本書裡介紹的其中一位靈能者，是菲律賓的心靈手術師，名叫 Alex Orbito。據說他能將手直接伸入患者體內，從體內取出血塊等物體，治好患者身上的疾病。莎莉曾經親眼目睹過他的「治療過程」，並在書中生動描述了她所見的驚人場景，讓人彷彿身歷其境。

其實在這一本書出版之後，我們也獲知了 Alex Orbito 即將造訪日本的消息。當時，我們的母親患有膽結石的毛病，情況非常糟。除了接受Orbito的心靈手術之外可說是無計可施。於是我們便將八十幾歲的老母親帶來東京，請 Orbito 進行治療。莎莉在書裡所寫的東西都是真的。只見他的手指滑進了母親的體內，從母親體內取出了某種不知名的物體。取出異物之後，

Orbito 用手掌在母親的肚子上輕輕一撫，洞口隨即消失，肚子又恢復了原狀，真的就像是變魔術一樣。之後我們再請醫院檢查，發現膽結石雖然還是存在，但是已經偏離了原本的位置，疼痛也消失了。此後母親一直非常健康地享受快樂的晚年時光，甚至無病無痛地活到百歲高齡。

你不必受苦受難，也能上天堂

The Lazy Man's Guide to Enlightenment

中文版
賽迪斯・葛拉斯／世茂出版社
2012 年 3 月初版
Thaddeus Golas ／ The Seed Center
1971 年初版

《你不必受苦受難，也能上天堂》是一本非常棒的書。但要是無法用心掌握其中的內容，就會艱澀到讓人心想這本書到底在寫些什麼東西。不過，這同時也是一本會溫柔地告訴你這樣也無妨的書。所謂的開悟，似乎只有在自己一個人、只有在自己決定的時候才會降臨。在那個時刻降臨之前，不管你看了多少關於頓悟的書，都會一直摸不著頭緒。

如果你讀了之後仍然不懂，請先把這本書壓在枕頭下面，等一個月，不，等個一年之後再閱讀一次看看吧。如此一來，說不定就會有恍然大悟的感覺。將來這本書也一定會一直被許多人傳閱下去，因為這是一本關於愛的書。

賽迪斯．葛拉斯這本《你不必受苦受難，也能上天堂》的英文版僅有八十頁左右，是一本非常薄的書。我們是一九八〇年代還待在美國的時候買到這本書的。薄薄的一本，似乎很容易就能看完，而且書名又是如此吸引人，因此當我們在書店一看到它就忍不住買了下來。之後過沒多久，我們便開始翻譯《心靈之舞》，隨後便下定決心將英文流暢優美的作品翻譯成日文，以此協助日本的人們拓展自己的意識。後來，我們想在日本出版這本小小的書，於是寫信聯絡了美國的出版社，而這封信後來送到了賽迪斯．葛拉斯的手上，所以我們就和作者賽迪斯開始了書信往來。一般來說，書本的版權大多是歸屬於出版社，但是這本書的版權卻是由作者自己持有，而他也很高興地立刻允許我們翻譯。

賽迪斯是在一九六〇年代嬉皮全盛時期當中的一份子。他打破社會的諸多規範，過著自由自在的生活。他也運用各種方法體驗延伸自己的意識，最後抵達了開悟的境地。這本描寫他自己開悟體驗的薄薄小冊子，是在一九七一年以自費形式出版的。據說剛開始的時候，作者是自己站在街角叫賣這本書。過沒多久，就有大型出版社注意到，隨後經由出版社出版，成為廣受許多人喜愛的一本書。

書中所傳達最重要的「開悟方法」就是愛。雖然有許多不同的開悟之道，但是賽迪斯認為「愛才是最安全而且最簡單的開悟之道」、「不需要任何理由，只要去愛就好。」同時他也要我們去愛原原本本、毫不矯飾的自己；不管自己是什麼樣的人都要去愛；去愛那個連自己都無法愛上的自己。

「愛人是一件非常安全的事，是全宇宙當中唯一絕對安全的行動。只要能夠盡己所能地去愛，一切就會在你準備好的時候變得豁然開朗。一旦開悟，你就會明白人類不管開不開悟都無所謂。距離開悟最遙遠的人，其實就是那些深信人類必須開悟的人。」我相信這就是作者所欲傳述的中心理念吧。

另外，本文的第一段還有一個非常重要的重點：「『我們所有人都是平等的。而宇宙和我們是不可分離的同伴。宇宙其實是由單一種類的實體所構成，其中每一個分子都有其生命；每一個分子都會自行決定自己存在的方式。』只要知道上述這件事，每個人都可以輕鬆理解這本書，而且應該也可以自己寫一本書。」

其中「我們都是平等的」、「宇宙其實是由單一種類的實體所構成」等說法，應該就是指我們所有人都是由同樣的物質所構成，生而平等。只要能夠理解這個道理，我們應該就能過得非常祥和而且安穩吧。

如果仔細看的話，就會發現這本書提及了死後的世界、神、高靈、靈性世界等所有要素。作為靈性世界的入門書籍，廣受大眾喜愛也是理所當然。

自從一九八八年地湧社以單行本形式出版了日文版以來，有許多讀者都將這本書奉為聖經細細閱讀。這對翻譯者來說實在是極為開心的一件事。爾後ＰＨＰ研究所在二〇〇四年出版了ＰＨＰ文庫版，仍然和地湧社版一起受到大家的喜愛。打從我們翻譯到現在已經超過二十個年頭，和當初翻譯時相比，我們也變得更能深入了解這本書的內容。我們也不時在心中默念著「謝謝，賽迪斯、兄弟姐妹，感謝你們將我的意識引導至此」。

正在進行翻譯的時候，發生了一件非常神奇的事情。就在我們煩惱著應該如何翻譯時，從某處傳來了一個聲音。那個聲音說：「就這麼直接翻吧！不可以多加解說喔！就算現在沒有辦法理解它的意思，還是要把英文原原本本地譯成日文！」、「只要把從書裡接收到的能量直接轉換成日文就行了」等等。而我也在那個聲音的引導下持續完成翻譯工作。

翻譯完成時，我發現了一封當初賽迪斯．葛拉斯的來信。信裡所寫的「翻譯時的注意事項」正好和我聽到的聲音完全一模一樣。

那時，我覺得似乎是賽迪斯告訴了我翻譯的意義所在。他告訴我，將英文翻譯成日文的動作，就是把這本書裡所寫的文字、作者想傳達的理念，還有作者所擁有的強大能量直接轉換成日文。真正重要的並不是用華美的日文詞藻來翻譯，而是將原有的能量和作者的意識直接轉化成日文，這才是翻譯最根本的意義。只要這麼做，文字本身似乎也能自然而然地羅列而成。這應該就是所謂的「翻譯者必須徹底地擔任導管的角色」吧！感覺上似乎和傳達神之意旨的通靈者有點類似。

我們和賽迪斯．葛拉斯之間，從剛開始的書信，後來改用傳真，最後用電子郵件，互相聯絡了好幾次。他每一次都送來充滿愛與溫情的訊息。

雖然沒有機會見面，但是我相信我們的靈魂曾經，不，現在也依舊聯繫在一起。

他常說自己是日本時代劇的粉絲，非常喜歡看日本的電視節目。因此他的書能夠經由我們的翻譯在日本出版，真的讓他非常開心。當一九八八年日文版出版的時候，他其實已經進入半隱居狀態，居住在老年人口眾多的佛羅里達州的薩拉索塔（Sarasota）。我們一直希望有一天能和賽迪斯見面，但是很遺憾的，他已經在一九九七年過世了。對於無法在他生前拜訪他、和他好好交談，我們真的打從心底感到遺憾。

這本書可以當成入門書，也可以放在身邊時時激勵自己。我們希望《你不必受苦受難，也能上天堂》能夠成為伴隨著各位成長的朋友，故在此誠心推薦。

牧羊少年奇幻之旅

O Alquimista

中文版
保羅・科爾賀／時報出版
1997年8月初版
英文版
Paulo Coelho ／ Rocco
1988年初版

《牧羊少年奇幻之旅》是由巴西作家保羅．科爾賀在一九八八年所寫的寓言式小說。這本書後來成為暢銷全世界的熱門書籍，翻譯成六十七國語言，共有一五〇個國家的民眾閱讀過這本書。根據維基百科，出版總數竟然高達五千萬本。作者仍然在世的書籍被譯為六十七國語言，已經創下了金氏世界紀錄，相信將來眾人也會繼續閱讀下去吧。

我們能夠遇上這本書、能夠翻譯這本書，實在是一件非常幸運的事。日本是在一九九四年由地湧社出版。現在除了地湧社的版本之外，還有角川書店出版的，追加了平尾香小姐插畫的精裝典藏版，除此之外也推出了文庫版，每年都有新的讀者加入，實在讓人喜不自勝。我們尤其希望年輕人能夠閱讀這本書，同時也希望大家能夠恣意地前往世界各個角落，踏上冒險旅程。

《牧羊少年奇幻之旅》的內容，是關於一名西班牙的牧羊少年聖狄雅各依照自己反覆夢見的夢境，前往埃及金字塔尋寶的寓言故事。少年踏上旅程後遇上了許多人，例如撒冷之王、吉普賽占卜師、小偷、水晶商人、學習煉金術的義大利人、駱駝伕，還有真正的煉金術士等。少年在旅行途中和各式各樣的人交談並從中學習，親身經歷了各種驚奇體驗，漸漸地成長茁壯。書中自稱是撒冷之王的老人對少年這麼說道：「不管你是誰，也不論那是什麼，只要你真心渴望一樣東西，就放手去做，因為渴望是發自於天地之心；因為那就是你來到這世間的任務。而當你真心渴望某種東西時，整個宇宙都會聯合起來幫助你完成。」這段話就是此書的中心主旨。《牧羊少年奇幻之旅》中充斥著許多如同寶物的佳言錦句，相信每個人都能在這本書裡找到自己喜歡的句子。

保羅．科爾賀在一九四七年誕生於巴西的里約熱內盧。大學念了法律系，卻在七〇年時中途退學，開始在世界各地流浪。當他走過墨西哥、祕魯、玻利維亞、智利等中南美國家之後，又轉而流浪至歐洲和北非。經過兩年的流浪生活，回到巴西的保羅成為流行音樂的作詞家。由他填詞的歌曲經過巴西人氣歌手 Raul Seixas 演唱之後紅極一時。

一九七四年，他因涉嫌參與反政府運動而被捕入獄。出獄之後他重新投入了唱片製作，但是在五年後，他突然放棄了一切，再次踏上環遊世界的旅程。在這次旅程當中，他體驗了各種邂逅以及新體驗，為他將來的作家之路奠定基礎。之後，他在一九八七年出版了《朝聖》（見49頁），踏出作家之路的第一步。《朝聖》這本書記錄了他徒步走完八百公里的聖地牙哥德孔波斯特拉之路（Santiago de compostela）的體驗。但是保羅真正以作家身分博得熱烈好評，是在一九八八年出版了本書《牧羊少年奇幻之旅》之後的事。牧羊少年聖狄雅各根據自己的夢境踏上旅途，最後終於獲得煉金術祕密的寓言故事，其迴響之大，幾乎可媲美聖修伯里的《小王子》以及李察·巴哈的《天地一沙鷗》。光是出版那一年就在巴西國內銷售了超過二十萬本，成為超級暢銷書，保羅·科爾賀也因此一舉成名。之後他連續發表了《*Brida*》、《*The Valkyries*》、《我坐在琵卓河畔，哭泣》【譯註

2】、《*The Fifth Mountain*》、《薇若妮卡想不開》【譯註3】等作品，這些書都不僅只於巴西境內，在歐洲各國以及美國都引起眾人瘋狂地閱讀。

保羅．科爾賀是全世界讀者群最多的五十位作家之一，而他的作品當中最為人廣泛閱讀的就是這本《牧羊少年奇幻之旅》。不只在巴西，在法國或是義大利等國家的暢銷書排行榜上也經常看到它出現在第一名的位置上，更獲得了世界各國的文學獎。同時，這本書被稱為十年難得一見的名著，將來也一定會持續受人喜愛，並讓許多人重新憶起「不要忘記夢想，要盡情逐夢」這件事。

此外，當你正在閱讀《牧羊少年奇幻之旅》的時候，就會漸漸與少年聖狄雅各一起思考每個人心中最單純基本的疑問，例如「人生究竟為何？」、「我們在這個世上的使命為何？」、「自己的夢想是什麼？」、「該怎麼做才能得到幸福？」等。相信這一點就是這本書能夠風行全世界的祕訣吧。因為少年聖狄雅各那純粹而率直的勇敢、內心的溫暖、愛與關懷的深厚、友情、信賴，還有不屈不撓的精神，都能溫暖讀者們的心，帶給他們力量。

自從這本《牧羊少年奇幻之旅》在日本出版之後，保羅・科爾賀曾數度造訪日本，帶給負責翻譯的我們以及其他許多人巨大的影響。他第一次前來日本是在一九九四年日本翻譯出版《牧羊少年奇幻之旅》時，由地湧社在東京舉辦讀者座談會的時候。儘管當時日本幾乎沒人知道保羅這號人物，但還是吸引了多達八百人前來會場。當保羅演講完畢後，會場內充滿著如同暖氣一般的熱烈氛圍，座談會結束之後，參加者們仍然不太願意回家，持續沉浸在座談會的餘韻當中。這不可思議的氣氛讓我印象深刻。

後來有好一段時間，保羅每年都會造訪日本，享受日本的風情。在阪神・淡路大地震之後，日本的劇團在神戶演出了《牧羊少年奇幻之旅》的音樂劇，那個時候他也來到日本，和我們一同前往欣賞。看到災後逐漸復興的神戶街道，保羅似乎對日本人不屈不撓的精神十分感動。不曉得對於這次的東日本311大地震，他的心裡會是怎麼想的呢？

我們擁有許多和保羅共同的回憶，但是其中影響我們最深的是接到他的「解謎」指示而出發旅行，前往南加州莫哈維沙漠（Mojave Desert）的波瑞哥泉鎮（Borrego Springs），尋找他當初遇上天使的地方。這同時也是他的早期作品《*The Valkyries*》書中主角曾經走過的路線。

我們就在什麼都搞不清楚的狀況下前往波瑞哥泉鎮，依循各種徵兆前進，最後終於找到了天使出現的地方，也體驗了彷彿和《牧羊少年奇幻之旅》一樣的旅程。

然後在今年（二〇一一年），我們接下了當初旅行的源頭《*The Valkyries*》一書的翻譯工作，日本將在二〇一二年出版這本書。《*The Valkyries*》內容是根據作者自身體驗而寫成的故事，內容真的非常有趣。

保羅現在以每兩年發表一部作品的速度寫作，日本也翻譯出版了相當多他的作品，是值得我們持續期待的作者之一。

我們經手翻譯的作品有《牧羊少年奇幻之旅》、《朝聖》、《我坐在琵卓河畔・哭泣》，而《*The Fifth Mountain*》則是由角川文庫出版。

【譯註2】《我坐在琵卓河畔，哭泣》：天下文化出版，原書名為《By the River Piedra I sat Down and Wept》。

【譯註3】《薇若妮卡想不開》：時報出版，原書名為《Veronika Decide Morror》。

朝聖

The Pilgrimage

中文版
保羅・科爾賀／時報出版
1999 年 4 月初版
英文版
Paulo Coelho／Rocco
1987 年初版

這本書是全球知名的巴西作家保羅・科爾賀的處女作。起初書名叫作《魔法師（Magus）的日記》，於一九八七年完成。成為全球暢銷書的《牧羊少年奇幻之旅》，則是保羅的第二本書。

另一方面，《朝聖》這部作品是依照作者自身的朝聖經歷寫成，自傳成分相當高。雖然有些難以理解的地方，但是卻富含著神祕氣息，擁有震撼靈魂的魅力。《朝聖》出版之後沒多久，我的母親就在閱讀完畢之後告訴我「你們翻譯了一本很棒的書，真的很了不起。」這讓我感到相當驚訝，因此也留下了深刻的印象。當時母親已經接近九十歲高齡，為什麼能夠理解這本書呢？至今仍然是個不解之謎。

翻譯者和作者之間其實很少會特別有所交流，但是很幸運的，我們和保羅・科爾賀本人相當親近。在他過去幾次造訪日本時，我們一起前往皇居聆聽雅樂，或是一起到神戶欣賞《牧羊少年奇幻之旅》的音樂劇。他確實有某些特質就像是個魔法師，感覺上似乎經歷過許多不可思議的靈性體驗。當時與他一同旅行時，他總是在特定的時間祈禱；能夠確實捕捉到一般人容易忽略的徵兆；總是給人一種從容不迫的印象。和他一起去泡溫泉時，我發現他的脖子上掛滿了看似頗有來歷的項鍊，還刻意留長了一部分的頭髮，看起來就像是個真正的魔法師。當時的他尚未成為世界知名的作家，因此得以輕鬆地與他交往。此外我們也透過保羅結交了幾個美國和巴西的好友，使我們的人生變得更加豐富。

《朝聖》這本書描述的是隸屬於天主教教團「拉姆（Regnus Agnus Mundi）教團」的主角，為了獲得大師的資格而踏上西班牙巡禮旅程的故事。翻開本書，第一個出現的場景就是拉姆教團的大師稱號授予儀式。主角累積了長久以來的修行成果，還差一點點就能獲得大師稱號，但是卻在授予儀式的最後一刻失敗，無法取得證明大師身分的劍。於是他接獲一個新的課題，就是必須走上聖地牙哥德孔波斯特拉之路尋找新的劍，作為成為大師的新考驗。這個旅程是由祕密結社指定的前輩以指導者的身分提出的。主角身邊有一位引路人派特魯斯，在派特魯斯的帶領之下，他走上了朝聖之路。但是這段旅途不光只是行走而已，派特魯斯還接連向主角提出了種種困難的課題作為試煉。主角一邊克服這些試煉，一邊在朝聖之路上前進，最後總算找到了證明之劍。這是發現自我、發現自己內在力量的旅程，同時也是為了面對死亡、學習放掉自我和恐懼的旅程。讀者會一邊緊張不已地閱讀，一邊和主角並肩走在朝聖之路上。

全球各地都有人閱讀這本書，而且也有許多年輕和年邁的讀者因此辭去工作，踏上「朝聖」之旅。我從曾前去朝聖的朋友那裡聽說，幾乎所有的朝聖者手上都有這本《朝聖》。換言之，這本書具有聖地牙哥朝聖之引路聖經般的功能。

在十二、十三世紀時，聖地牙哥德孔波斯特拉的朝聖之旅曾在歐洲的基督教徒之間蔚為風行。之後雖然式微了很長一段時間，但是到了二十世紀後半，古老的道路開始一磚一瓦地修復，人們也再次開始步行其上。這可能和我們現在逐漸進化的意識形態改變有所關聯。後來到了一九九七年，突然出現大量民眾走上這條路。因為有傳聞指出在這一年前往朝聖的話會特別靈驗，因此從世界各地湧來了大批朝聖者朝著聖地牙哥德孔波斯特拉前進。到現在，每年依然有許多人步行朝聖，來自日本的朝聖者也有增加的趨勢。道路和住宿設備的整修隨之而起，各種相關情報也變得比較容易取得。

保羅．科爾賀是在一九四七年誕生於巴西里約熱內盧的富裕中產家庭。儘管他從小就想成為作家，但是他的父母並不允許他這麼做。他的父母把他送進了里約熱內盧最嚴格的耶穌會學校。之後，他雖然依照父母的期望就讀大學法律系，準備成為律師，但是卻因為沉迷於演戲而中途放棄學業。他的父母因此把他送進了精神病院。當他偷跑出精神病院之後，就把自己當演員賺到的錢拿來花在前往尼泊爾、摩洛哥還有墨西哥等地的流浪之旅上，長達兩年的時間，他充分體驗了嬉皮式的生活。

回國之後，他以搖滾樂作詞者的身分獲得了莫大的成功，但是卻在一九七四年遭人懷疑其音樂活動與反政府行動有關，因而被巴西軍政府時期的軍事警察逮捕，遭受了求生不得、求死不能的拷問。後來雖然靠著父母的謀策，奇蹟似地逃過嚴刑拷打，但是這段體驗似乎已在他的心中留下深深的傷痕。在此之後，保羅下定決心要回到普通的生活，開始輾轉在各大唱片公司工作。經過三次失敗的婚姻之後，他與現在的妻子克莉絲汀娜相遇。和她結婚之後，保羅的所有財產幾乎全部用在兩人長達半年的世界巡迴之旅上。而保羅最後在德國的集中營遺跡當中經歷了一次強烈的靈性體驗，隨後立刻在一九八一年遇上了也有出現在本書中的拉姆教團，並加入成為其中的一員，開始學習。拉姆教團是西班牙天主教神祕主義的組織，於一四九二年由八名騎士所創設，持續運作至今。

保羅是在一九八六年的夏天走上聖地牙哥德孔波斯特拉之路的。在經手這本書之前，我們也在一九九〇年六月走過這段路。這是一段每個城鎮之間一天只有一台交通巴士的旅程。沿途經過所有書中曾經出現的城鎮和都市，例如聖尚皮耶德波（Saint-Jean-Pied-de-Port）、龍賽斯巴耶斯（Roncesvalles）、潘普隆納（Pamplona）、蓬特拉雷納（Puente la Reina）等。每一站都可以看見宏偉的教堂、祭典，以及西班牙的小孩子們，還可以和來自歐洲各地的朝聖者走在同一條路上，互相交換心得。那個時候，我們根本沒有想過將來自己會翻譯《朝聖》這本書。感覺上就像是冥冥之中老天自有安排。翻譯這本書的期間，作者的體驗和我們的體驗合而為一，實在是非常奇妙又愉快的體驗。

此外，在二〇〇一年時，我們翻譯了莎莉．麥克蓮所著的《*The Camino - A Journey of the Spirit*》。這本書是莎莉在超過六十歲的時候，孤身走完綿延八百公里朝聖之路的記錄。書中提到，當時建議她走上朝聖之路的人是一位巴西女性，不過據說那個人其實是保羅。莎莉的書和《朝聖》走的雖然是同一條路，但卻是風格完全不同的開朗故事。可見儘管路程相同，但隨著步行者不同，各自的體驗也有異。不過無論是哪一種體驗，都同樣是認識自我的旅程。

如果你在看過本書後想來一次「朝聖之旅」，建議你立刻背起小背包，從法國境內的庇里牛斯山開始走吧！相信這一定能夠改變你的人生。

時光白洞

The White Hole in Time

中文版

彼得・拉塞爾／未出版

英文版

Peter Russell／Harpercollins

1992 年初版

現在，我們正迎向重大改變之時。二〇一二年，也就是近十年來對靈性世界有興趣的人們都在討論的「次元進化（ascension）」之年。馬雅曆法就是在這一年結束計算的。

我們第一次得知二〇一二年是地球發生重大變化之年，是在一九九二年翻譯這本《時光白洞》的時候。這本書是立足於物理學和生物學等科學觀點上，對於我們人類現在正進行中的靈性發展加以解說。書中特別強調，地球的歷史是加速化的歷史，而現在正逐漸接近加速的極限。變化的週期已經從年單位、月單位壓縮至週單位，甚至日單位。到二〇一二年十二月時加速就會到達極限。作者彼得．拉塞爾引用了泰瑞司．麥肯南（Terence McKenna）在易經研究當中所推演出的「時間波動函數」理論，表示加速化到達極限的時間是在二〇一二年十二月。當然，他也有提到這個結果和馬雅曆法相同。在我們進行翻譯的一九九二年時，還沒有這麼多人討論二〇一二年，我們也只單純覺得這是二十年以後的事而已。如今，時間已迫近。我們一直認為「次元進化其實並不會發生任何事，只有人們的意識會變得比現在更為擴張向外」。然而就在二〇一一年三月十一日，發生了東日本大地震和福島第一核能發電廠事故。這會不會和次元進化有關呢？我認為現在這個時候，正是我們再次閱讀《時光白洞》這本書的好時機。

這本書彼得．拉塞爾花了五年才完成，並於一九九二年在英國出版。長年持續冥想的他是靈性世界的先驅者之一，但他同時也是在劍橋大學研究物理、數學，還有實驗心理學等學問的科學家。本書就是將這兩方面的知識和經驗充分發揮之後所完成的。

在這本書當中，他對於我們人類的現況做了一番深入的考察。我們人類無時無刻都在追求幸福，這是非常理所當然的事，但是到目前為止，我們讓自己變得幸福的方法一直都是錯的。換言之，我們誤以為讓自己在金錢、名聲等外在條件上變好，就是獲得幸福的必要條件，但是結果卻引起了大自然的破壞，以及人與人之間的紛爭，造成目前面臨的種種危機。真正的幸福，應該是每個人自身內部的問題。只要內心能夠維持平靜，自然就能得到幸福。現在，人類開始朝著回歸之途邁進，正興起的是，回歸真我的運動及所謂的意識文藝復興。

作者在這本書中，用了非常淺顯易懂而且層次分明的方法說明上述的現象。簡單來說，就是將科學與靈性的思考結合，說明我們現在在地球歷史和人類歷史上究竟處於哪一個階段，還有我們未來應該何去何從。書中也說電腦開始急速發展的原因，其實是為了讓我們將來能以心電感應瞬間溝通的事前準備。

我非常清楚記得當初在閱讀這本書的時候，自己內心當中某個喜愛窮根究理的部分感到相當滿足。另外，那時自己在幾乎完全不懂相對論還有其他新的物理學理論（現在可能已經是舊理論了，物理學發展似乎是那麼的迅速）的情況下，一邊拼命學習一邊翻譯的經歷，如今也已成為美好的回憶。

當《時光白洞》這本書在日本出版時，作者彼得・拉塞爾曾經造訪日本，開設了兩天的工作坊。我也參加了，並在休息時間和他一起散步、一起聊天。我還記得第二天東京難得下了一場大雪，記憶中窗外的美麗景色依舊鮮明。

在那之後，我就再也沒有見過他，直到二〇一一年六月在美國的依沙蘭學院（Esalen Institute）與他再次相會。睽違十八年不見的彼得還是和年輕時一樣，依舊集認真嚴肅於一身，但是身上卻多了過去沒有的溫和氣質以及穩重，就像是真正的大師一樣。

他在依沙蘭學院開設冥想工作坊，我也參加了星期五晚上的課程。一開始是由彼得講述自己的冥想體驗。當他還是劍橋大學的學生時，由於非常想知道印度聖者的心理狀態究竟是什麼樣子，因而前往印度學習超覺冥想（Transcendental Meditation），從此愛上了冥想活動。剛開始是以超覺冥想為起點，後來他又學習了內觀冥想（Vipassana）。現在則是以內觀冥想為基礎，傳授他個人獨創的冥想法。

接下來，學員們一起進行短暫的冥想。他引導大家將意識集中在自己的呼吸上，一旦發現自己的意識轉移至他處，就要立刻重新集中在呼吸上。此外最重要的就是讓全身放鬆，如此一來「那件事」就會發生，而我們最終的目的就是讓「那件事」發生。上述就是關於冥想的指示。將意識集中在呼吸之上云云，其實我已經聽過其他冥想老師提過了。真正讓我在意的是他說要讓「那件事」發生，以他當時所用的英文來說就是「Let it happen.」。「那件事」到底是什麼？讓它發生又是怎麼一回事？我雖然心中抱持著疑問，但還是開始了冥想。才剛開始冥想，我就忍不住打起瞌睡。驚醒後再度將意識集中在呼吸上，結果又打起了瞌睡。同樣的狀況重複了許多次。

結果「那件事」就這麼突然發生了。就在我不曉得第幾次將意識集中在呼吸上時，突然出現了某種異樣的感覺。我的眼前出現了一座鏡面般的湖泊，同時我的意識也被砥磨得無比澄澈，四面八方的所有事物都能感覺得到。這時我已經完全沒有睡意了，心中只有那無比澄澈的意識存在。我的身體開始動了起來，擺出最能放鬆的姿勢。這種感覺就像是有一根線繫在自己的頭頂上，讓自己懸在半空似的，覺得自己只處於「現在」這一刻。我想「mindful」應該就是指這種感覺吧。這樣的狀態持續了一陣子之後，叮地一聲藏鈸的聲音響起，冥想就此結束。這對我來說是初次體驗。「那件事」究竟是什麼，讓它發生又是怎麼一回事，我都以自己個人的方式體驗過了，可能因此稍微貼近了冥想專家們經常體驗的狀態也說不定。相距十八年與彼得再會，成為送給我的最佳禮物。

那麼，彼得覺得這個世界將來會變得怎樣呢？正如同書名《時光白洞》所昭示的，我們應該會被捲入加速化的漩渦當中，不是被黑洞而是被白洞吸入，最後前往另一側的光之世界吧。

「那將是過去的進化過程面臨終結，同時也是那些不再適用的態度以及對事物的看法終結之時。如此一來我們總算可以開始徜徉在自己的真實世界中，就像鯨魚和海豚一樣……」

前世今生

Many Lives, Many Masters

中文版
布萊恩・魏斯／張老師文化
2000年9月新版
英文版
Brian L. Weiss／Fireside
1988年7月初版

一九九〇年，當時正在美國旅行的我們繞到書店，發現了一本很有意思的書。這是一本由精神科醫生所寫的書，書名叫做《*Many Lives, Many Masters*》。當時的我們只要出國，就一定會前往當地的書店尋找靈性世界方面的書籍。當然現在我們仍然會這麼做，不過當時是為了翻譯這方面的書，我們必須親自尋找適當的書。

回國後，紘矢馬上讀完並對我說：「這本書很棒，我想要翻譯這本書。」而我回答他：「那我也來讀讀看。」於是就這麼讀了起來。正好在同一時期，ＰＨＰ研究所的瞳小姐前來拜訪我們，目的是「希望山川先生能幫我們寫本書」。趁著這個機會，我們把寫書的話題擱置一旁，開始向她毛遂自薦說我們想要翻譯這本書。當時的我明明只看了一百五十頁，但是卻滔滔不絕地向她說明這本書到底有多麼重要。我還清楚記得當時連自己也嚇了一跳。就這樣，這本書在日本便以《前世療法——美國精神科醫師的神祕轉世體驗》為題，由ＰＨＰ研究所出版發行。

這本書是根據作者布萊恩．魏斯的真實經歷寫成。

有一天，一位名叫凱瑟琳的美麗女性到他那裡接受治療。她長期苦於恐慌症和憂鬱症，人生也陷入了低潮。此後經過了一年半的治療，魏斯博士在她身上嘗試了各式各樣的心理療法，但是症狀卻始終不見改善。

最後，他徵得凱瑟琳的同意，嘗試進行了催眠療法。所謂催眠療法，是先把患者引導至放鬆狀態，再請他將意識集中於一點，藉此讓他想起已經忘卻的過去。在當時的精神科領域當中，這個方法是用來讓患者想起自己小時候的事。常有病患在想起自己童年時的不幸經歷之後，憂鬱症和恐慌症便有所改善。但是凱瑟琳在接受第一次催眠治療後，雖然想起了幾個童年時不好的回憶，但是症狀卻完全沒有改善的跡象。

在第二次催眠治療時，博士對已經進入催眠狀態的凱瑟琳做出如下指示：「請回到那個造成妳現今症狀的時候。」結果她回到了西元前一八六三年的中近東附近。當時博士完全不知道發生了什麼事。那一天凱瑟琳回想起許多中近東時期發生的事，在一個星期之後，整個人脫胎換骨似地出現在博士面前。原本的嚴重症狀大大減輕且變得有精神。她迅速做好接受催眠的準備，而那一天她又想起了許多前世的事。

儘管魏斯博士非常驚訝，還是去了圖書館仔細調查，得知已經有許多學者正認真地研究輪迴轉世以及前世今生。之後他也開始發揮他與生俱來的嚴謹態度著手研究這個領域的學問。這對過去一直認為無法證明之事皆不可信、科學思考模式早已深植骨髓的博士來說，實為令人驚訝的改變。

另一方面，凱瑟琳也接連不斷地想起了過去的事。每想起一件，她的憂鬱症和恐慌症便減輕一些，人生也漸漸開始明朗起來。到後來她開始在催眠狀態下，向博士轉達高靈們發出的訊息。這個體驗大大地改變了博士。等到凱瑟琳即將完全痊癒之際，魏斯博士也接受了輪迴轉世與前世的存在，更發現了超出科學思考範圍的靈魂世界，變成同時跨越醫學世界和靈魂世界的人。為患者進行治療時，他的直覺變得極為敏銳，也開始在夢中獲得賢者的教誨。此外他也開始深感於活著的幸福與偉大，對於成功與財富的慾望隨之減少。他的人生有了一百八十度的轉變。儘管起初他曾害怕將自己的體驗公諸於世，擔心這麼做可能危及他的事業，但是在不知不覺當中，他開始覺得這是自己的使命，最後終於出版了這本書。

這是一本介紹前世療法和輪迴轉世的書，但是同時也可以當作是一部將科學家引導至肉眼不可見的世界，並讓他相信那個世界的存在，最後改變人生的故事。就這層意義上來看，本書可說是莎莉．麥克蓮《心靈之舞》的科學版。至於為什麼說是科學版，理由應該是可信度的問題。因為科學家這麼說，因為耶魯大學的高材生這麼說，所以世界上應該會有更多人願意傾聽。感覺上這似乎也是宇宙所使出的巧妙戰術之一。

本書在美國出版之後吸引了許多人閱讀，轉眼間立刻成為暢銷書，後來也因此發現有許多醫生都採用前世療法。隨著對前世療法感興趣的人逐漸增加，出現了許多被稱為催眠治療師（Hypnotherapist）的人。另一方面，魏斯博士也根據患者的症狀接連推出《生命輪迴——超越時空的前世療法》【譯註4】、《反璞歸真》（於73頁介紹）、《前世今生來生緣——穿越時空的靈魂之旅》【譯註5】等書。成為暢銷作家的魏斯博士停止一對一診察患者，改為開設工作坊或講座，藉此指導許多人前世療法，或是講述有關肉眼看不見的世界。此外也推出了前世療法和紓壓用的冥想CD。

在日本，本書也相當受歡迎。儘管距離出版已經過了二十年，現在仍然不斷地再版，長期受到人們喜愛。對於失去所愛之人的人來說，這本書尤其表達出「人是不會死的，他們都在另一個世界裡平安生活著。而且總有一天，你們一定會再次同時誕生於世」這個訊息，是一本帶給讀者力量的書。

魏斯博士曾經造訪日本一次，並在東京和大阪開設了工作坊。在超過千人共同進行的回溯冥想中，約有一半以上的人隱約看見了自己的前世。除此之外，我們也在美國和魏斯博士多次見面。當時參加博士的講座時，穿著粉紅色襯衫現身的魏斯博士，感覺上似乎真的散發出粉紅色的治癒之光，就像是一位光是存在就能發散出治癒能量的療者。他既謙虛又安靜，幾乎讓人難以想像他是美國人。

至於日本，也同樣在這本書出版之後出現了許多催眠治療家。現在，催眠治療不再是一種特殊的療法，而是眾多治療家都採行的治癒手法，已非常普遍了。

可是儘管如此，在醫學界當中，前世療法仍然屬於異端療法。

我們真的希望日本的醫學界能夠更加敞開心胸，就算是目前的科學無法解釋的方法，只要能夠發揮效用，都希望他們能廣泛採用。魏斯博士一開始也是百分之百不相信輪迴或投胎轉世的人。但是既然出現了像凱瑟琳一樣，能夠藉由這個方法完全復原，並使人生重新綻放光芒的例子，而且之後還再次出現類似病例，如此一來他也只能開始考慮接受這個方法。這就是隨著自己的靈魂成長，而逐漸晉升到瞭解肉眼不可見的世界和前世的存在都是理所當然之事的狀態。到了這個階段，生存這件事便含有完全不同的意義，而博士也應該親自體會到了這個道理。

將來，這本書應該也會長久被人閱讀下去，引誘更多的人進入肉眼看不見的世界當中吧。

二〇一一年時我們接到消息指出，魏斯博士出版了久違的新書《*Sometimes Miracles Happen*》。這一次博士又是如何深入自己的學習與體驗呢？

這真的讓我們非常感興趣。而我們也希望有朝一日能夠和他再次在某處相會。

【譯註4】《生命輪迴——超越時空的前世療法》：張老師文化出版，原書名為《Through Time Into Healing》。

【譯註5】《前世今生來生緣——穿越時空的靈魂之旅》：時報出版，原書名為《Same Soul, Many Bodies》。

反璞歸真

Only Love Is Real

中文版

布萊恩・魏斯／新潮社

1996年5月初版

英文版

Brian L. Weiss／Grand Central Publishing

1996年初版

《反璞歸真》這本書，是《前世今生——生命輪迴的前世療法》的作者布萊恩．魏斯博士的第三本作品。《前世今生——生命輪迴的前世療法》內容描寫的是魏斯博士對他的患者凱瑟琳施以催眠療法治療時，遇上了患者回到前世的驚人體驗，並以此為契機徹底改變自己人生的一連串過程。第二本作品《生命輪迴——超越時空的前世療法》則是藉由發生在患者身上的真實故事，敘述前世療法的種種可能性。而第三本作品《反璞歸真》講述的是有關靈魂伴侶（soul mate）的故事。

伊莉莎白和佩卓，這兩名患者在同一時間接受魏斯博士的治療。飽受精神方面障礙所苦的兩人都想起了許多前世的事，也漸漸地恢復健康。在治療進行的期間，魏斯博士發現這兩個人回想起一模一樣的前世經歷。仔細調查之後，證實了這兩人回想起來的經歷很明顯的都發生在同一個時代。而且在那些時候，他們兩人的關係分別是親子、夫婦，以及戀人。

發現這件事的魏斯博士感到非常困擾。因為這兩人確實是靈魂伴侶無誤，只要兩人能在今生相遇，就一定能夠共同步上幸福的人生。可是身為醫生的自己究竟可以涉入到什麼地步？到底應不應該告訴他們兩人這件事？博士為此煩惱了很久很久。最後……這是一個非常羅曼蒂克的故事。莎莉・麥克蓮也曾在自己的書中多次提及靈魂伴侶，也因此在年輕女性之間帶起一股「想和自己的靈魂伴侶相會」的風潮。不過就算沒有這個理由，如此浪漫的故事也會在人們的心中注入一道暖流。《反璞歸真》打動了許多人的心，成為眾多人的愛書。

據說魏斯博士將這個故事撰寫成書的原因，是因為他認為靈魂伴侶這種羅曼蒂克的靈魂故事，能夠讓社會大眾接受輪迴轉世與前世的存在。我們可以從兩個不斷重複輪迴轉世的人之間的關係清楚了解，現在在自己身邊的人都是和自己有著密切關係的人。光是知道這件事，我們面對彼此的態度和應對應該就會有所改變才對。

此外，書中並非只有描寫伊莉莎白和佩卓的奇妙邂逅。魏斯博士還依照自己的解讀方式，將自己透過前世療法所學到的眾多靈魂世界的真理明確寫了出來。在撰寫第一本書《前世今生——生命輪迴的前世療法》時，他應該仍然非常擔心世人會如何看待前世療法以及他自己的意識變化。特別是同為醫療從業者的同伴們能否接受？自己身為著名醫院精神科主任的立場又會如何改變？想必他一定為了這些事情糾結不已，也因此書中給人一種顧慮頗多的感覺。但是到了第三本作品，他變得比以前更有自信地寫下自己的體驗，同時也寫出了自己的看法。這一定是因為隨著時間經過，博士自身的靈性也跟著成長，更能深入學習宇宙真理的關係吧。另外，不時穿插在那兩人的故事之間由高靈所傳達的訊息，也蘊含著許多寄予我們的眾多寶貴教誨。就這層意義上來說，這本書同時也是讓我們學到靈性真理的書。

不過，當這本書正在流行的時候，某個現象也同時發生了。那就是出現了許多想和自己的靈魂伴侶相會、想和靈魂伴侶結婚的女性。我們也曾經收到「我現在有男朋友，但是我想知道他到底是不是我的靈魂伴侶，請告訴我」之類的來信。這實在是一個很奇怪的現象。首先，對方到底是不是自己的靈魂伴侶，那只有自己的心才知道，別人並沒有辦法告訴你。第二，就算對方是你的靈魂伴侶，你們也不一定會成為夫妻或是情侶。可能是親子關係，也有可能是兄弟姐妹。再者，好好珍惜眼前的人才是真正最重要的事。就像日本俗話說「能擦身而過便是前世之緣」，我們今世見到的人，一定是在前世有緣而且曾經共處一地的人。成為戀人的人更不用說，過去肯定已經見過無數次，因為我們的人生不只是今生而已。趁現在好好珍惜自己眼前的人，不但能讓自己的人生光明，而且還能創造出與靈魂伴侶相見的機會。至於為何能夠創造機會，則是因為我們在靈性成長之後，就更容易注意到靈魂伴侶的存在。

魏斯博士在最後一章這麼寫道：

「我們所有的人都是神。神就存在於我們的體內。……我們必須透過良好的行為以及對他人的奉獻，來彰顯自己的神性與愛。」

「我們的道路是朝向內心的旅程，這是一段極為困難艱苦的旅程。我們每個人都背負著自己的學習責任，這個責任無法規避，也不能把責任推給自己的靈性導師。因為神之國就在你自己的心中。」

本書出版之後，魏斯博士又寫了《前世今生之回到當下》【譯註6】和《前世今生來生緣——穿越時空的靈魂之旅》兩本書。《前世今生之回到當下》是博士至今所有治療與研究成果的集大成之作。書中一邊舉出各種事例，一邊告訴我們「對我們來說，所謂真正的療癒，除了了解自己便是愛的存在、了解所有的一切都連繫在一起之外，別無他法」。而《前世今生來生緣——穿越時空的靈魂之旅》則是討論有關新的催眠療法，也就是讓患者前進到未來，藉由讓他們看見自己的未來，來使他們重新振奮精神。

不管哪一部作品，對於學習新時代和靈性教誨來說，都是非常淺顯易懂的好書。

除此之外，魏斯博士也推出了多本ＣＤ書，分別是《*Mirrors of Time*》、《*Eliminating Stress, Finding Inner Peace*》和《*Meditation*》。每一本都有印著美麗照片的內頁以及冥想ＣＤ。有不少人利用這些前世療法的ＣＤ回想起自己的前世，但是也有很多人說自己聽著聽著就睡著了。看來只有那些非得看到前世不可的人，才有辦法真正看到自己的前世。然而，若能按照這三片CD進行冥想，確實可以讓自己非常放鬆。聽到睡著應該也算是全身放鬆的證據之一。每一片CD都收錄有魏斯博士主導的誘導冥想，還有亞希子所主導的日語版誘導冥想。就算不懂英文，只要能聽到魏斯博士那讓人無比放鬆的完美嗓音，一定能夠讓你的內心獲得療癒。至於想要認真進行誘導冥想的時候，使用自己熟悉的語言版本應該會比較有效。

魏斯博士的前世療法系列書籍，至今仍為治癒人們的內心扮演極為重要的角色。而且現在仍然有非常多人還不知道自己到底是什麼人。比起過去，現在出現了更多被引導至靈性世界的人。以一本讓人了解肉眼不可見的世界的書來說，我深深希望能有更多人閱讀這一套書。

【譯註6】《前世今生之回到當下》：張老師文化出版。原書名為《Messages From The Master》。

為心靈點燈

A Guide for the Advanced Soul

中文版
蘇珊．海沃德／台灣英文雜誌社
1998 年 12 月初版（目前絕版）
英文版
Susan Hayward／In-Tune Books
1988 年初版

這本書是我前往紐西蘭時，在書店發現並買下來的。原書名為《*A Guide for the Advanced Soul*》（獻給已進化靈魂的導引書），透過請託ＰＨＰ研究所才得以出版。在我們剛開始以翻譯為職的時候，都是自行在國外書店找書，並向出版社推薦，然後再進行翻譯，例如《心靈之舞》、《你不必受苦受難，也能上天堂》、《前世今生——生命輪迴的前世療法》等書都是如此。其實這樣的例子可能相當稀奇也不一定。

在紐西蘭找到的這本書，日文版書名後來訂為《聖なる知恵の言葉》（神聖智慧之語），因為這是一本將古今中外偉大先賢的智慧之語集結而成的書。字數相當少，當初我們還有些擔心翻譯這種只收集了名人說過的名言的書會不會有問題。不過在實際出版之後，有某位讀者寫道「感謝你們翻譯了這麼棒的書」，以表達謝意，我們才鬆了一口氣。的確，本書所舉出的名言，每一句都是精妙無比的真理之言。

這本書可以從第一頁開始讀，不過也可以採用下列讀法：「當你遇上困難或是必須決定某件事而需要忠告的時候，就可以利用這本書。首先，請在心中具體描繪出你碰上的問題，再進行冥想讓心靈沉澱。進入沉澱狀態之後，你就可以自由運用潛意識和直覺了。此時你可以一邊在內心祈求獲得忠告，一邊隨意翻開這本書。第一句映入你眼簾當中的話，就是你現在最需要的話。」（譯自原書內容）這是因為世上並沒有偶然，宇宙隨時都做好了出手相助的準備。

「實際運用後就得到當下自己最需要的答案，這真是一本非常不可思議的書！」由於類似的評價四處流傳，這本書在高中生之間開始大受歡迎。厲害的是，高中生能夠理解這種智慧之語，這實在令人高興不已。此外對於那些希望讓靈魂成長的人來說，這本書當然也能帶給他們許多重要的啟示。至今仍然有非常多人持續利用這本書，我們也希望你能夠隨意翻開《為心靈點燈》的其中一頁，然後再按照你自己的想法解讀當中的文字，最後獲得解答。請敞開你的心，客觀地進行解釋吧！切記不可以添加任何自己期待的解釋。如果你無法馬上理解，就請將那句話暫時安放在心中吧！如此一來便有可能在意想不到的時候，赫然理解那句話的意義。

本書收錄了伊琳・卡迪、老子、蘇格拉底、傑若・詹波斯基、歌德、愛倫坡、紀伯倫、克里希那穆提、巴闢・席瑞・羅傑尼希、帕拉塞爾斯、泰戈爾、海倫凱勒、達文西、愛因斯坦、畢達哥拉斯等古今中外的智者言論。了解智者的智慧之言，並以最適當的文字來表現，對一個翻譯者來說，這實在是快樂無比的工作，因為書裡充斥著新時代所需的各種智慧。

編者蘇珊・海沃德，一九五七年生於紐西蘭的奧克蘭。她旅歷過歐洲、加拿大、美國等地，現在定居於澳洲。她廣泛地學習有關藥用植物、按摩、占星學、營養學、冥想、東洋哲學、西洋哲學等學問，尤其關心人類在精神方面與靈性方面的成長。為此她研讀了許多書籍，每當看到智慧之語時都會紀錄下來，這些智慧之語匯整成冊之後便成了這本書。本書在世界各地，如澳洲、紐西蘭、美國、加拿大，還有英國等地都博得了廣大的迴響。除了本書之外，蘇珊・海沃德還著有《*Bag of Jewels*》、《*Begin It Now*》、《*The Guide*》等書，由日本PHP研究所以單行本形式出版。這三本書的內容同樣都只收錄了各種智慧之語，但是仍以靈魂引導書之名大受歡迎。

在蘇珊所寫的這些書當中，你一定能找自己喜歡的句子。收錄在本書當中的智慧之語，能夠為人們的內心帶來強大的力量，也因此常在讀者的人生當中引發奇蹟。有時也能只憑一句話，就讓你的靈魂翻騰不已。

《為心靈點燈》當中就是有這麼多充滿如此大智慧的語句。若能順從自己的直覺接觸書中的句子，你的靈魂深處應該就會發生不可思議的奇蹟吧！

我認為在這本《為心靈點燈》裡，最重要的句子就是蘇格拉底說的「認識你自己（know yourself）」。我應該是在高中的時候知道這句話出自蘇格拉底，但是真正了解這句話的意義所在則花了三十年的時間。特別是所謂「認識自己」，除了知道自己是什麼人之外，其實還要擴及到「認識宇宙」、「認識神」、「認識愛」等行動中。要覺察到這件事，真的需要一段很長的過程才行。

另外，我曾在北蘇格蘭的芬霍恩（Findhorn）見過在本書中出現多次的伊琳．卡迪，並深深被她那溫暖而柔和的頻率所感動。伊琳所說的話，都是她從神那裡接收而來的訊息。這些訊息教給我們對全新事物的看法、感受方法、以及生活方式。她的話語幾乎就是在新時代生存所需的智慧。

此外書中也出現了克里希那穆提說過的話。以前住在華盛頓特區時，曾經為了聽他的演講而前往甘迺迪廣場，實在是令人懷念的往事。儘管現在伊琳和克里希那穆提兩人都已經去世，但是我曾在生前與他們見面，這個體驗已成為我人生當中珍藏的寶物。

現在，我隨手翻開了這本書，找到了目前自己最需要的一句話。

「偶爾停下工作，
遠離人群，
獨自一人前往某處。
但是要記住『身在此處』這件事，
才是最重要的。」

（伊琳・卡迪）

敞開心門

Opening Doors Within

中文版

伊琳・卡迪／未出版

英文版

Eileen Caddy ／ The Findhorn Press

1987 年初版

作者伊琳・卡迪，是北蘇格蘭著名的芬霍恩共同體（現為基金會）的三位創始者之一，於一九一七年在埃及的亞歷山大港誕生。自從遇見和她共同創建芬霍恩共同體的丈夫彼得之後，她便開始從內在的神那裡接收到種種指引。之後，遵從神指引的卡迪夫婦還有桃樂絲・麥克林，三人決定定居在芬霍恩這塊荒地上。據說伊琳每天晚上都會一個人躲在露營車公園的公共廁所裡，持續地接收神傳來的指引。就是以這些指引為基礎，創設了芬霍恩共同體。她讓我們知道神充滿愛意的指引能讓人們的內心恢復和平，讓我們了解真正重要的是「每一個人都能信賴神，並依從自己的心聲而活」。

《敞開心門》是將伊琳・卡迪每天從神那裡接收的訊息和指引收集一年份，也就是將三百六十五篇文章整理集結而成的書。你可以每天翻開當日的內容，透過閱讀當天的指引使心靈沉靜下來，如此便能確認你和神聖自我或是神之間的聯繫。世界上已經有二十多個國家翻譯這本書，使它成為許多人的心靈指南。在南美各國尤其受歡迎，據說甚至被當成每日必讀的聖經，副標題為「每個神聖之日的話語」。

日本翻譯出版這本書時，伊琳．卡迪曾經送來下列訊息：「我有幾句話想要告訴日本這個大家族的所有成員。請沉靜下來深入自己的內心，並且找到自己內心當中的小小聲音。請接觸你內心當中的本質部分（神的部分），並將你的愛送往全世界。我能做到的事，你也一定可以做到。我們一起創造出充滿更美好的愛的世界吧。」

收錄在這本書當中的指引告訴我們靈性的真理，還有新觀點和新發現。其中心思想為「將神擺在第一位，確實實行神的指示」。換句話說就是捨棄所有利己的想法，為了神、為了他人、為了實現人類和平這個崇高目的而行動。神不斷反覆地對她說明將神放在第一位、信賴神並遵循其教誨的重要性。所謂的神，應該就是自己內在的神，同時也是一切事物的根源之神。

《敞開心門》可以用一年的時間來看，一天讀一篇。你可以一口氣讀完，不過依照日期一天讀一篇應該也不錯。你也可以在每天早上起床後立刻閱讀當天的訊息，藉此獲得那一天的行動指引；或是在自己喜歡的時候隨便翻開一頁，閱讀其中的文字。我相信你一定能夠獲得那一天、那個當下最需要的訊息。

除了將神放在第一位之外，每一天的指引還告訴我們愛、喜悅、和平、感謝、團結等事物的重要性。書中總是反覆強調著這些主題，正如同下列這段訊息所要表達的意義：「我（神）會懷抱著愛，溫柔地讓你們不斷不斷地回想起人生當中最重要的事物。如此一來這些事物就會漸漸成為你的一部分，在你的體內生存、在你的體內活動，最後就會成為你的存在本身。」每天閱讀這些神聖的訊息並進行冥想的同時，這些訊息也會自然而然地逐漸在你的內心紮根。

在芬霍恩，每天早上都會有一段時間是大家坐在小小的教堂裡，圍繞著伊琳・卡迪一同冥想。我當初拜訪芬霍恩的時候，伊琳總是第一個抵達教堂，靜靜地進行冥想。感覺上她光是站在那裡，全身就散發出清澄的光芒。依照慣例，冥想時間是一小時，之後便從《敞開心門》當中選出當天的文章閱讀。芬霍恩教堂誠如其名，總是充滿著神聖的氣息。教堂的中心點著燭火，而周圍總是裝飾著各種蓬勃茂盛、色彩鮮明的美麗花朵。

某一天早上，伊琳發現有兩個背包客鞋也不脫，就偷偷躲進教堂裡睡覺。每天總是第一個抵達的她溫柔地叫醒他們，請他們離開教堂。當時我也在現場，而伊琳對待他們的溫和態度在我心中留下了深刻的印象。

書本的翻譯是由川瀨勝、羽成行央、山川紘矢三個人一同進行。翻譯成員全是男性其實相當的稀奇。我們三人各自與伊琳・卡迪直接會面，同時都被她的人品和行動深深感動。特別是羽成先生，他在後記當中寫下了自己和伊琳見面之後實際獲得精神救贖的體驗，內容如下。

「隔天早上，伊琳請我到她的家裡去，告訴我難以想像的精妙箴言，還介紹了極為優秀的療者給我。之後每次見面，伊琳都會挺起她那小小的身體溫暖地擁抱我，而我每一次都會在過度感激之下，不自覺地加重擁抱的力道。最後總是讓她苦笑著說『骨頭好像都要斷了』。我就是那個在現實世界當中一直接受著伊琳的『無條件之愛』，並且以此為生的驚人實例。說起來可能有點誇張，但是我覺得我確實因為接觸了她的生存方式，讓長久以來一直執著於黑暗的自身意識，在不知不覺當中轉而追求光明。」

另一位翻譯者川瀨先生，則是驚訝於伊琳的「普通」。儘管她能聽到神的話語，但是卻一點也沒有驕傲自大的樣子，反而覺得能夠聽見神說話是極為普通的事。根據川瀨先生的說法，只要看到她就會讓自己發現心靈更加深層的部分。

最後是我個人的伊琳體驗。一九九四年，日本教文社翻譯出版了伊琳的自傳《*Flight into Freedom*》之後，我前往芬霍恩拜訪伊琳。端出茶來招待我的她，真的是一位充滿溫柔與慈愛的白髮老婦人。她穿著純白的荷葉邊罩衫和鮮紅裙子的身影，至今仍然深深烙印在我的眼中。我們可以在她身上發現那種超越苦難之後獲得靈魂自由的人才有的和平與謙虛。

《敞開心門》並不是將某種價值觀、宗教、教義或是個人崇拜的事物強加在你身上，而是指出一個基本方向，告訴你如何將意識集中在自身內部，發現自己內在的神。換言之，一切事物皆存於己，只要能夠發現這股力量，生存方式就會因此改變。

很遺憾的，伊琳已經不在這個世上了。不過我認為就我們的先驅者來說，她是一位非常重要的人。未來應該還是會有許多人閱讀《敞開心門》，並讓這本書成為他們的行動方針。

芬霍恩的魔法

The Magic of Findhorn

中文版

保羅・霍肯／未出版

英文版

Paul Hawken／Harper & Row

1975 年初版

從蘇格蘭北部、以尼斯湖聞名的伊凡尼斯出發，開車往東行駛一個鐘頭左右，就會抵達一個濱海小鎮芬霍恩。那裡有一個由靈性之人所建立的共同體，名為芬霍恩共同體（現為基金會）。這個共同體最初的起源，是由彼得·卡迪和伊琳·卡迪夫婦，以及桃樂絲·麥克林三人將一台拖車停放在普遍稱為露營車公園（caravan park）的露營用地上，並且定居於該處開始的。

失業中的彼得和桃樂絲一邊領取失業救助金，一邊為了彌補生活上的不足而開始在那塊貧瘠的沙地上開闢菜園。過沒多久，桃樂絲開始聽見植物精靈（Deva）以及大地天使的聲音。她遵照祂們的指示在田中施肥，進行必要的照料，慢慢地將荒地成功開闢成農田。另一方面，伊琳則是每天接收神傳來的指示，學習他們自己的生活方式。這三人誠實遵守神與精靈的指引，在這片條件嚴苛的土地上生活了五年。此時，借助精靈之力所開闢的農田長出了巨大高麗菜和花椰菜，因而開始引起英國土壤學家的注意。此外彼得也窮盡全力在英國各地進行演講，認識了各式各樣的人。漸漸的，人們開始知道芬霍恩農地的存在，以及卡迪夫婦和桃樂絲的生活方式。

與此同時，開始出現了許多前往芬霍恩參觀學習的人。更甚者，對他們的生活方式，以及對流動在芬霍恩中奇妙的愛的能量有所感應的人，也開始定居在芬霍恩附近。如此一來，原本只有卡迪一家和桃樂絲居住的露營地，在轉眼之間便自然發展成巨大的生活共同體。

芬霍恩共同體的正式成立是在一九六二年。

之後過了五十年，芬霍恩將已經深植在日常生活當中的靈性作為主軸，發展成為自然與人類共存，並持續學習人的存在方式與聯繫的國際性共同體。現在仍然是一個充滿活力與創造性的場所，約有四百名來自世界各國的居民，過著以冥想和祈禱為中心的生活。同時這裡也是持續成長的生態村，並成為新時代生活方式的楷模，吸引著眾人的目光。造訪芬霍恩的日本人也逐漸增加，他們或學習英文，或進行體驗學習，也有人來此學習芬霍恩的轉型遊戲（Transformation Game）和神聖舞蹈（Sacred Dance）。

這本由保羅・霍肯所寫的《芬霍恩的魔法》，現在已經是靈性世界的經典代表作，內容描述有關芬霍恩共同體，以及它的成立經過。

原本從事自然食品與農業相關工作的霍肯，在輾轉聽說有個地方能夠種出巨大高麗菜和花椰菜的傳言之後，便從美國千里迢迢地前往芬霍恩。剛開始他只是想看看巨大蔬菜的傳言是否屬實，但是他卻在芬霍恩看到充滿著清澄光芒與能量的土地，還有在那片土地上摸索著嶄新生活方式的人們。而且他也知道了讓芬霍恩變得如此吸引人的原因並非巨大蔬菜，而是透過伊琳所轉達的神的旨意。許多人都是為了按照這些旨意生活下去，才來到這個地方。

待在芬霍恩的短暫時間裡，霍肯和彼得變得熟稔起來，也開始對芬霍恩這個地方深感興趣。最後他完成了這本《芬霍恩的魔法》。

若想知道芬霍恩的創立歷史，讀這本書可說是最恰當不過的了。裡面相當詳盡地介紹了三名創始人——彼得．卡迪、伊琳．卡迪和桃樂絲．麥克林的人生。這三人都在不可思議的命運引導之下與神相會，接收神的意旨、彼此相遇、共同生活，最後創建了芬霍恩。

此外，書中也提到了另外兩人。一位是能與精靈接觸的 Robert Ogilvie Crombie，另一位是設計芬霍恩教育課程的大衛．史賓勒（David Spangler）。霍肯認為正是因為有這兩人的貢獻，才成就了現在的芬霍恩。另外書裡也簡單提及了芬霍恩漸漸為世人所知的過程。

一九七五年，美國出版了《芬霍恩的魔法》。因為這本書，使芬霍恩開始聞名於全球，世界各地出現了許多年輕人一窩蜂地前往芬霍恩。日本也在一九八一年由日本教文社出版了這本書，書名定為《芬霍恩的奇蹟》。當時對神傳來的意旨這種事情感興趣的人還相當少，所以只印了首刷六千本便宣告絕版。

一九九四年，我們翻譯了由日本教文社出版的伊琳自傳《*Flight into Freedom*》。隨著這本書的出版，對芬霍恩感興趣的人也逐漸增加。此時最需要的就是詳盡介紹芬霍恩共同體成立經過的基本入門書，因此在隔年一九九五年重新出版《芬霍恩的奇蹟》，由我們夫妻翻譯，書名更改為《芬霍恩的魔法》。

我們是在一九八五年第一次得知芬霍恩這個地方。當時我還任職於美國華盛頓特區的世界銀行。就在我偶然造訪靈性世界的專門書店「yes」時，書店門口正好擺放著各種特價書籍。其中有一本非常不可思議的攝影集，那就是芬霍恩設立之時的攝影集。雖然當時我完全不知道芬霍恩是什麼地方，但是因為價錢十分便宜，而且這本書似乎有股莫名的吸引力，於是我便買了下來。

之後我便遺忘這本書的存在，直到剛開始從事翻譯工作沒多久時，我認識了寺山心一翁先生。一九八八年，寺山老師受邀成為芬霍恩年度大會的演講者之一。聽到這個消息時，我赫然想起自己在華盛頓特區買了這本攝影集，於是立刻將這本書送給寺山老師。同時，我們的心中也對芬霍恩這個名字留下了深刻的印象。

當時寺山老師的腎臟癌正開始好轉，所以他的家人與朋友幾乎無人贊成這次旅行。儘管如此，老師還是帶著他心愛的低音大提琴，隻身前往芬霍恩。他不只帶給芬霍恩的人們驚人的感動，而且他似乎也因為芬霍恩當中滿懷愛的能量而恢復了相當程度的健康，最後回到日本。從此之後，寺山老師便扮演了向日本人介紹芬霍恩共同體的重要角色。

另一方面，我們也因為翻譯了《*Flight into Freedom*》這本書而在一九九四年十月初次造訪芬霍恩，並在那裡停留了兩個星期。我們待在芬霍恩的期間，有幸與伊琳·卡迪會面了一小時左右。穿著純白罩衫和紅色裙子的伊琳是一位極為慈祥的老婦人，她自己準備了紅茶與餅乾招待我們，是一位非常有魅力而且滿懷慈愛的女性。伊琳一直都以芬霍恩精神指標的身分，過著祈禱與冥想的寧靜生活。然而在二〇〇六年十二月十三日這一天，她在芬霍恩與世長辭，享年八十九歲。據說在彌留之際，她曾留下「不要為我的死亡哀悼，請將我的死亡視為感恩的祝福。」這句遺言。

彼得·卡迪在一九七九年與伊琳分開之後便離開了共同體。之後聽說他又經歷了數次婚姻，不過晚年仍然四處進行演講旅行和聖地巡禮，過著非常幸福的人生。一九九四年二月，他在德國遭遇交通事故去世。

桃樂絲・麥克林是在一九七一年與大衛・史賓勒一起離開芬霍恩前往美國，並和他一起設立了羅利安協會（The Lorian Association）。她曾多次造訪日本舉行演講或是開設工作坊，是一位非常質樸而令人喜愛的女性。現在她已經回到芬霍恩，在伊琳去世後成為共同體的精神支柱持續活躍著。

除此之外，日本每年都會有好幾組人馬前往芬霍恩，體驗那裡的生活。而芬霍恩的人們也同樣年年造訪日本，開設芬霍恩的工作坊。藉由參加這些活動，就能多少體驗到芬霍恩的生活。日本和芬霍恩之間能夠生出如此強大的情誼，實在是一件令人高興的事。

大地禮讚

To Honor the Earth

中文版

桃樂絲・麥克林／未出版

英文版

Dorothy Maclean ／ Harpercollins

1991年4月初版

現在，我們居住的地球正面臨著各種問題。而絕大多數的問題，都是因為我們人類憑著一己之私恣意妄為地傷害地球所引起。二〇一一年三月十一日發生的福島第一核電廠事故，可能就是一個對我們提出終極質問的事件，讓我們捫心自問什麼才是真正重要的事物。

一九九七年，我們翻譯了一本精美的書，由日本教文社出版發行。這本書就是將桃樂絲·麥克林從精靈那裡獲得的訊息，搭配Kathleen Thormod Carr 拍攝的美麗照片所完成的《大地禮讚》。此刻我為了寫出介紹文而重新翻閱這本書，結果又再次深深感覺到書中所寫的精靈訊息，正是我們現代人不可不讀的。

這本書是創立芬霍恩共同體的三位創始人之一——桃樂絲·麥克林從植物和自然界的精靈（Deva，梵語意指光輝的存在，或指天使。植物或自然界當中的物體所擁有的知性能量）那裡獲得訊息，再從其中摘錄部分之後所完成的。

她和伊琳與彼得夫婦倆一起定居於芬霍恩的露營車公園裡。僅憑失業救助金過活的他們為了減輕食物方面的開銷而決定開闢農田。在某一天冥想的時候，桃樂絲內心的平靜之聲要求她向自然界的精靈求助。據說在此之前，這個內在的平靜之聲已經引導她有十年之久了，於是她便試著向豌豆的精靈說話。結果這個舉動獲得空前的成功，隔天桃樂絲便能與周圍土地的天使說話，並從祂們口中得到各種問題的答案。從此之後，只要她提出有關農地的耕作方式、或是澆水堆肥等各式問題，都能得到答覆。到最後，原本貧瘠的沙地成功種出了巨大高麗菜和花椰菜，芬霍恩共同體（現為基金會）就這麼自然而然地誕生了。

然而，精靈告訴她的訊息並不只有種田的方法。祂們也告訴她與自然相依相惜的重要性，還有最重要的是我們必須想起何謂真實的自己。

桃樂絲在這本書裡也說：「天使傳達的最重要訊息，就是所有的生命都是一體的。意思是人類應該會習得這個真理並逐漸和宇宙調和，然後再一起生存下去。天使對我們伸出了援手，呼喚我們一起並肩行動。」

收錄在本書當中的訊息，絕大多數是她在一九六八年到七三年之間接收到的。雖然是在四十年以前的訊息，但是很遺憾的，仍然可以直接套用在現在這個世界上。不，現在的我們比過去更加恣意地破壞大自然，奪走其他生物的棲息地，如今連自己的居所都陷入了危機。而大自然始終懷抱著愛，默默地、堅忍不拔地看照著我們。想必天使們一直相信我們總有一天會發現真實的自己，到時候我們就會與大自然合作，讓地球再次成為充滿生命力的美麗場所。

我認為本書中的每一個訊息，對現在的我們來說都是極為重要的箴言。精靈告訴我們，人類原本是充滿愛的美好存在，我們採取的行動都出自於愛，與大自然合力創造出美好的世界。實際上，現實當中同樣的行動也正一點一滴地展現在我們的世界裡。有主張種樹的重要性，並親自在世界各地種植樹木的人們出現了，另外還大量出現深知化學肥料的可怕之處，主張實踐並推廣自然農法的人。這些試圖依附大自然而生、在自己的能力範圍內費盡心思的人，在世界上應該是多得難以計數吧。此外最重要的是，精靈最希望我們學習的真理「你就是愛與光輝的存在，我們都是一體的」，在這四十年之間已經有如此多的人們開始學習了。桃樂絲所收到的訊息，應該也已經逐漸深植人心了。所以，我們不妨重新閱讀這些訊息，一起深入自己的內心吧。

除了這本書之外，我們還翻譯了桃樂絲的另外兩本書。其中一本可以算是她的自傳《*To Hear the Angels Sing*》，推薦給想要更加詳細了解她、或是她的工作的人。而另一本書則是《*Call of the Trees*》。

《大地禮讚》當中也摘錄了許多來自樹木的訊息，不過是在二〇〇二年，桃樂絲受美國團體Vermont Family Forest之邀，傳述樹木向人類傳來的緊急訊息之後，才決定把至今所有由樹木發出的訊息彙整成冊，因而誕生了《*Call of the Trees*》。現在，這個世界上的森林正迅速的遭受破壞，其中又以神木消失得特別嚴重。據說對人類而言，所有的樹木，尤其是樹齡數百年以上的神木，其實都擔任了只有它們才能扮演的角色，並不是砍掉神木之後再種就沒問題。「神木是能量的導管。它們是為了將地球包圍並引導同為地球一部分的宇宙之力，才佇立在那裡的。……神木是促使地球幸福不可或缺之物，其他任何事物都沒有辦法完成它們正在進行的工作……」（譯自《*Call of the Trees*》）。我想這正是我們必須立刻知道的事實之一。有興趣的讀者們也請務必看看《*Call of the Trees*》。

桃樂絲造訪過日本三次左右，並在各地進行演講、開設工作坊。由於很喜愛既質樸又可愛的桃樂絲，我也在回日本時參加了她的演講和工作坊。在工作坊中，我們有幸在她的指導之下，與花草、石礫，甚至和都市的精靈進行溝通。首先必須先進入自己內心，與內在自我相連結。此時我們與萬物的中心合而為一，所以任何東西，我們都能從它的中心獲取訊息。幾乎所有人都從花草、石礫或都市身上接收了某種訊息。桃樂絲總說：「任何人都可以和大自然的精靈相連結。」這句話真的是一點都沒錯。

創設芬霍恩的三個人——伊琳、彼得和桃樂絲，其中伊琳和彼得都已經不在人世。他們現在一定是在另一個世界，協助我們的靈魂獲得成長。一九七一年離開芬霍恩後一直住在美國的桃樂絲，據說現在也回到了芬霍恩定居。希望她能作為芬霍恩的精神支柱，永遠健康下去。

聖境預言書

The Celestine Prophecy

中文版

詹姆士・雷德非／遠流出版

1995 年 12 月初版

英文版

James Redfield ／ Warner Books

1994 年初版

《聖境預言書》在一九九四年三月之後成為全美最熱門的一本書。日本也在一九九四年到九五年間瘋狂熱銷。這本書是作者詹姆士・雷德非的第一本小說。他回顧了自己的自我發現過程，整理出九個覺悟。接著再以冒險小說的形式，敘述本書的主角，也就是一般認為是作者自己的貝爾，逐一發現這九個覺悟並且逐漸開悟的過程。

以虛構故事的手法表現意識的變革過程，在當時似乎還是相當新穎的手法，充滿創意。為了讓那些對靈性世界不熟悉的人也能開心閱讀，有懸疑、也有浪漫情節的冒險小說形式，確實是非常吸引人的手法。在這部作品獲得空前的成功之後，詹姆士也陸續推出了系列作品《靈界大覺悟》【譯註7】、《聖境香格里拉》【譯註8】、《*The Twelfth Insight: The Hour of Decision*》（日本在二〇一一年十二月出版）等書。

詹姆士・雷德非在這本書出版前的二十年當中，就已經對人類在靈性方面的成長與可能性感到相當有興趣，並且持續地深入探索。在研究所修完社會學碩士和心理諮詢方面的教育學碩士之後，他一直為情緒障礙的青少年擔任治療師，長達十五年的時間。只擁有這種經歷的無名小卒所寫的《聖境預言書》，當然沒有任何一家出版社願意出版。此時，他花光了自己的積蓄開設一家叫作「薩托利」的出版社，自費出版了這本書。接著再把這些書塞進自己的本田小車，和他的太太莎莉一起跑遍南部各州，拜託那些販賣靈性世界書籍的書店將此書上架。而他的努力最後也得到了成果，這本書在眾人的口耳相傳之下，最後竟然賣了十萬本之多。起初讀者只有那些對靈性世界感興趣的人，但是他們都想多帶一本，以便向自己不甚熟悉靈性世界的家人和朋友們推薦這本書。於是開始出現一個人購買多本的情況。因為大家都認為只要對自己親近的人說這本書很有趣，進而促使他們閱讀的話，說不定就可以讓他們理解自己所感受到的靈性世界。

過沒多久，大型出版社開始對這本大受好評的書產生興趣。Warner Book以八十萬美金買下了版權，並於一九九四年首刷二十萬本，在全美各地的一般書店販售，隨後便以迅雷不及掩耳的速度成為暢銷書。

本書為什麼會這麼受歡迎呢？作者詹姆士做出如下解釋：「這是因為

美國雖然在過去三十年之間，對於靈性方面的認識與興趣提高了許多，但是大多數的人還是在讀過《聖境預言書》之後才感受到其中的內容的確和自己的人生部分相符的關係。現在有許多人都希望自己的人生能夠擁有更大的幸福感和自我意識，而這些人也多半意識到如果想要活出真正的人生，真正的靈性是有其必要的。」

《聖境預言書》的故事起源是從南美祕魯的森林裡發現了古文書開始的。那卷古文書中，記載了關於人生的目的與意義的深奧智慧。主角是在一股莫名的牽引力量之下，搭上了飛往祕魯的班機，而祕魯當地則是有無數難以想像的事件在等著他。就這樣，在歷經了各種邂逅與冒險之後，他發現了九個覺悟並一一學習。我們就來簡單介紹一下這九個覺悟吧！

・第一個覺悟：現在，有許多人都在共時性（偶然的一致）【譯註9】的引導之下，開始步上人生當中的靈性旅程。

・第二個覺悟：現在這個時代，就是人們開始從持續了五百年的物質主義，還有技術萬能、科學萬能等觀念當中覺醒的時候。

・第三個覺悟：察覺肉眼看不見的能量。了解所有存在於世的事物都有神聖的能量。

・第四個覺悟：我們都在無意識當中習得如何控制他人，並從他們身上奪取能量。這就是所有紛爭的起源。

・第五個覺悟：透過與自己內在的神連結的神祕體驗，消除我們的不安與恐懼。

・第六個覺悟：察覺到自己偷取他人能量的作法，並擺脫該作法，讓自己獲得自由，如此便能與內在的神連結。

・第七個覺悟：了解自己的使命，讓共時性的洪流加快速度。搭上宇宙的洪流，使人生漸漸豁然開朗。

・第八個覺悟：藉由互相給予能量，能將彼此推向高峰。

・第九個覺悟：一種嶄新的文化正要誕生。我們會成為靈魂的存在，生與死都將合一。

其中我覺得最重要的就是第六個覺悟。內容描述的是自己怎樣被扶養長大，就會在無意識中養成了那樣的習慣。我們都是在選擇自己的雙親之後誕生。但是卻因為成長的環境不同，我們為了讓自己獲得滿足，因而開始搶奪別人的能量，並學會演出脅迫者、旁觀者、被害者、詢問者等各種角色。接下來再仔細審視自己本身的問題，察覺自己究竟是在演出哪一個場景。如此就能徹底清算自己的過去，之後才有辦法與自己內在的神能量共同生存下去。除此之外，書中也詳細告訴我們在日常生活當中就能實踐的各種事物，例如永遠將注意力集中在對方的優點上並且傳送自己的愛的重要性，還有透過了解自己的使命就能體現共時性等。《聖境預言書》受到眾人喜愛的理由應該就在於此。

之後他和凱羅・艾瑞安（Carol Adrienne）共同執筆，出版了學習九個覺悟的方法書《*The Celestine Prophecy: An Experiential Guide*》，並擔任許

多人的靈性導師，相當活躍。

我們會翻譯這本書的原因，是由於出版社角川書店主動向我們提起。拿到原書之後我們馬上開始閱讀。雖然我們對於「在祕魯發現了古文書，書上寫著其他地方都無法發現的古代智慧」這個設定感到有點奇怪，但是這九個覺悟全部都是我們非知道不可的智慧。於是我們理所當然地立刻請求出版社讓我們翻譯。詹姆士獨特的英文寫作方式讓我們費了一番工夫，但是我仍然清楚記得當初一邊期待著接下來的冒險故事一邊翻譯的心情。

於是日本在一九九四年十月出版了這本書。才剛放上書店的架上，本書便以前所未有的速度瘋狂熱銷。這種銷售方式，感覺上完全展現出本書其實擁有著深不可測的力量。而且在短短不到半年的時間便賣出了五十萬本，因為這就是眾人引頸期待的書本。特別是至今以女性為主的靈性世界洪流中，開始加入了許多閱讀本書的男性，實在是非常巨大的變化。

只不過在一九九五年三月時，日本爆發了奧姆真理教地下鐵沙林毒氣事件。在此同時，靈性世界相關書籍的銷售也戛然而止，《聖境預言書》亦不例外。可是這本書確實是一本詳細說明了我們人類靈性成長的過程、以及現在這個時代變化的優秀教科書。本書至今依然反覆再版，成為長期暢銷書。

我們大概和詹姆士見過三次面。第一次是在一九九五年一月，我們前往夏威夷參加詹姆士夫婦的座談會。這場舉辦於檀香山的座談會聚集了兩千多人，每個人都全神貫注地傾聽他的演講。我還記得他當時熱切地告訴我們：「將來最重要的就是設立靈性方面的讀書會，彼此互助合作，使我們的意識擴張，逐步提升靈魂的波動。」

二〇一一年四月，美國出版了《*The Twelfth Insight: The Hour of Decision*》，而日本也在二〇一一年十二月出版了這本書（書名為《第十二の予言》）。現在，我們的時代正要出現巨大的變化，《聖境預言書》應該就是那本在我們準備面對變化時，擔任起重要角色的書。將來人們應該也會持續閱讀下去吧！

【譯註7】《靈界大覺悟》：遠流出版，原書名為《The Tenth Insight》。

【譯註8】《聖境香格里拉》：遠流出版，原書名為《The Secret of Shambhala》。

【譯註9】共時性（Synchronicity），又稱作同時性，即所謂「有意義的巧合」和「非因果性的聯繫律」。由心理學家榮格所提出，指的是在同一個時間點上發生兩件（例如：說曹操，曹操就到了），或更多事情的一種巧合現象，這些事件間並不具有因果上的關連，但卻彼此具有相同或相似的意義。

最後的障壁

The Last Barrier

中文版

瑞沙德・菲爾德／未出版

英文版

Reshad T. Field ／ Turnstone Books

1976 年初版

《最後的障壁》是一本會讓人越讀越愛的好書。

在Amazon網站留下評價的人也全都給予一面倒的好評。以同樣探索靈性的書本來說，幾乎可以和《心靈之舞》匹敵，說是男性版的《心靈之舞》亦不為過，而且內容提到的是相當罕見的伊斯蘭教神祕主義故事。英國作家瑞沙德．菲爾德所寫的這本書帶有非常強烈的自傳色彩，讀者在閱讀時往往會不由自主地和作者一同踏上不可思議的靈性之旅。對於伊斯蘭祕教蘇非（Sūfī）、或是對蘇非詩人魯米（Rumī）感興趣的人，或是想要到土耳其的伊斯坦堡（Istanbul）或孔亞（Konya）旅行的人，我們由衷希望您能讀讀看這本書。

故事是從作者拜訪一家位於倫敦的骨董店開始的。

「我立刻被這家骨董店老闆身上的神祕存在感給吸引住了。儘管我自己都覺得這麼做有點怪，但我還是向這個男人詢問了有關蘇非行者（伊斯蘭教神祕主義者）的事。而這個男人露出微笑，反問我要不要喝茶。和這個男人——哈米德的奇妙邂逅，把我帶到了伊斯坦堡、安那托利亞高原，以及聖地孔亞。」

後來哈米德成為一位嚴厲的導師，逐步引導作者前進。作者那神祕的靈魂之旅，使讀者們一方面心跳加速、提心吊膽；另一方面又深受故事吸引。這是一本非常精美的書，而且最讓人開心的就是每一章的開頭都收錄了波斯詩人的詩。舉個例子，讓我們來看看第四章的詩吧！

「身為礦物的我死去，成為植物；
而成為植物的我死去，成為動物；
成為動物的我死去，成為人類。
當我再次死去時，應該會成為身負羽翼的天使吧。
誠然，那我又何需畏懼死亡帶來的毀滅？
此後，我應該會翱翔在天使之上，
成為無人能想像之物吧。」

（魯米）

說的沒錯，我們的確不需要畏懼死亡。即使肉體已死，我們的本質——靈魂依然繼續存活，只會不停地以不同的外型再次回到這個世界。

這本書起初是在一九七六年於英國出版，在英國國內已成為新時代的古典巨作，之後再於一九九三年，由英國的 ELEMENT 出版社以古典文庫的名義再版。至今距離初版發行已經間隔了四十年以上，但是卻始終不失其新鮮感，仍然是一部讓人自覺到自己有靈魂、描述人類回到最原始存在的過程、深深打動我們內心的作品。這本書描寫的是作者瑞沙德自己的靈性之旅，自傳風格十分濃厚，不過後來日本還是出版了續集《*Invisible Way*》，內容也是關於死亡的神祕故事，希望讀者們在閱讀時能和《最後的障壁》一起欣賞。

作者瑞沙德・菲爾德在一九三四年誕生於英國，曾從事過歌手、骨董商、股票仲介等工作，不過最後他開始對蘇非出現興趣，隨後便漸漸深入了靈性的世界。

後來，他經由旅遊世界各國學習了更多知識與經驗，接著就在瑞士、美國、加拿大等地經營靈性方面的學校，教導眾人。據說他現在回到了故鄉英國，引領眾人走上靈性之路。

書中講述的是關於主角透過伊斯蘭教神祕主義蘇非得以審視自己，進一步從束縛並限制自己的種種刻板印象當中解脫而獲得自由，直到開始瞭解神與自己的關係的故事。伊斯蘭教對日本國內民眾來說還相當陌生，而且流傳的教義內容往往有所偏差。而蘇非是伊斯蘭教的分支祕教，指的是不追求形式與規範，而極力追尋神與人類之間關係的人或是教團。它和遜尼派（Sunnī）、什葉派（Shiah）等一般伊斯蘭教稍有不同。儘管同樣是以伊斯蘭文字和穆罕默德的預言為基礎教義，但是蘇非並未被宗教性的戒律所束縛，主要目標著重於每一個人內心的自由。這個教派原本是採用師徒相傳的方式流傳，到現在已經逐漸教團化，並在阿拉伯世界當中形成數個蘇非教團。目前已有相當多教團消失，但是本書中以魯米（全名 Mawlānā Jalāl-ad-Dīn Muhammad Rūmī）為始祖的 Mevlevilik 教團，至今仍然以它的發祥地——土耳其孔亞為中心持續活動。魯米（一二〇七～一二七三）被譽為伊斯蘭教神祕主義當中最偉大的詩人。近年來美國等地開始頻繁地將他的詩集作品譯成英文，帶給許多人刻骨銘心的感動。相信總有一天魯米這個名字應該也能在日本成為家喻戶曉的名字。

其實當初我們能發現《最後的障壁》這本書，似乎也是經由某種事物的指引。一九九四年時，我們造訪了位於北蘇格蘭的芬霍恩共同體（現為基金會）。當我們去到該處的書店時，正好有幾個書架上放著蘇非的相關書籍。當時我們莫名被蘇非這個單字吸引住，相當仔細地看了看架上陳列的書，後來挑選出來比較容易閱讀的書就是瑞沙德．菲爾德的《*Invisible Way*》。其實那個時候，我們根本不知道作者是誰，也不知道蘇非這種伊斯蘭教神祕主義到底是什麼。

在芬霍恩停留一個星期之後，紘矢繼續留在當地參加為期一週的講座，而我則是前往蘇格蘭西岸艾爾瑞德島（Isle of Erraid）上的芬霍恩姊妹共同體。那是居民和來訪者加起來僅有十多人的小型共同體。有一天，我到艾爾瑞德島附近的愛俄拿島（Isle of Iona）上遊玩。將基督教傳到蘇格蘭的聖徒科倫巴（St. Columba）和這座島淵源頗深。我在前往該地的接駁船上，和一位當時待在艾爾瑞德島上的荷蘭年輕女性聊天；而聊到「讓自己最為感動」的書時，她認為就是瑞沙德．菲爾德的《最後的障壁》。我一聽到她說出瑞沙德．菲爾德的名字，瞬間出現了「好像曾經聽過這個名字」的想法，隨後馬上想起了自己在芬霍恩買下的書。瑞沙德．菲爾德的名字就因為這份共時性而深深烙印在我的心中，不久之後，決定翻譯出版《最後的障壁》。一個男人讓自己靈魂再生的故事，發生在土耳其這個充滿異國情調的土地，一連串難以想像的事件，還有流暢的文筆，以一本描述靈性世界的書來說，可說是洋溢著文學氣息的作品。

就算到了現在，如果有人問我：「妳最喜歡哪一本書？」，我一定會回答：「《最後的障壁》。」這本書的翻譯工作就是令人愉快到這個程度。

那麼，書名「最後的障壁」指的到底是什麼呢？您在讀過這本書之後就會知道。我相信這應該會是您第一次體驗到與萬物合一，與神合一。

請務必和作者一同享受這段驚心動魄又令人興奮不已的靈魂冒險吧！

最後，就讓我引用一段原書內容：

「我現在可以無條件地接受所有即將發生之事、已發生之事，還有可能發生之事。所有的一切都在該處。開始與結束都不復存在。造物者與被創造之人同為一體。而所有的一切都在一瞬之間。他就是一切。那就是命運之中的祕密。什麼事都沒有發生，因為所有的一切都已經存在於該處了。」

最後再順便介紹書中另一首優美的詩。對二〇一一年三月十一日之後的日本人來說，本書第九章開頭的詩應該告訴了我們非常重要的道理！

「當災禍降臨之時，

勿言人之惡。

勿逞己之欲。
勿行他法。
勿懷憂懼。
忍耐，調和，與神共有之欣喜，
切不可失。」

（*Abdul-Qadir Gilani*）

改變人生的神奇力量

The Magic Story:

The Message of a Master

中文版

約翰・麥克唐納／方智出版

1999 年 10 月初版

英文版

John McDonald ／ Robert Collier Pubns

1952 年 6 月

本書僅有一二五頁，就像是一本小手冊一樣，只要花兩小時應該就能輕鬆讀完它。在你真正完全接受本書之前，請反覆地閱讀吧。曾有讀者反應說他們讀了二十次，甚至三十次，因為每一次閱讀，這本書都能帶給人新的重要發現。以前有一位社長在初次看完這本書之後說：「裡面沒寫什麼重要的東西嘛」，給了我深刻的印象。想必原因在於這位社長原本就是成功者，早已自然而然地熟知書中所寫的智慧，因此才會覺得沒有任何新發現也不一定。

這本書裡蘊含著某種不去閱讀字裡行間隱藏的訊息就無法獲取的「靈力」。當您在閱讀的時候，難道不覺得有股難以言喻的溫暖以及興奮感嗎？正因為這本書是如此神奇，所以才會受到廣大讀者的喜愛。請一定要反覆閱讀這本書，也希望您能將它視為替您的人生帶來成功的聖經。

原著是在一九二九年由美國一家名為加州的出版社出版，至於作者約翰．麥克唐納的相關資料則無法找到。不過唯一可以確認的就是，作者應該是個超乎常人的聰明人物。至於為何我們可以如此斷言，是因為他不但是強大力量的擁有者，而且事實上他還用了非常精簡的手法寫出非常有用的書。這本書已持續吸引人閱讀超過了八十年以上的時間，已成為「成功哲學的經典書籍」。就算是閱讀過許多成功哲學書的讀者，應該也會承認成功哲學的原點之一就在這本書裡吧。

前半段是以童話故事的手法敘述和大師（Master）相遇的故事。主角的朋友在他的人生當中遭遇重大挫折，因此由美國前往歐洲流浪。他在那裡偶然遇見了大師，學習到「發現自己」的方法，整個人像是變了一個人似地煥然一新，回到美國。看到朋友身上出現如此巨大的變化，主角也想要和大師見面，因此開始尋找他。最後，那個期待已久的日子總算到來……。於是大師將成功的祕密告訴了他。

即使只看目錄，也會讓你有恍然大悟的感覺——原來如此，所謂成功哲學就是知道自己是什麼人。就算只用更為精簡的目錄介紹這本精簡的書，也還是會讓你覺得自己看到了財富、智慧與成功的祕訣。

第一章「我們是自己命運的主人」，內容是在詢問讀者：「你的人生是為了自己而活的嗎？」首先一定要先把下面這句話銘記在心：你可以按照自己的想法活出屬於自己的人生。除此之外也要知道，不管目前你的人生處在什麼狀態下，一切的一切都出自於你自己的選擇，是你自己的決定。

第二章說的是「每個人的人生當中都會發生不可思議的事情」。你的人生當中一定會發生不可思議的事情，因為這是早已計劃好的事。你能不能不把這件事情當成偶然，並看穿潛藏在其中的必然呢？人生比你想像中還要更加完美，因為你需要的事情一定會在你需要的時候發生。

接下來第三章的內容是「每一個人都擁有驚人的力量」。那麼，為什麼這股力量無法充分發揮呢？那是因為你並未完全了解自己的關係。每個人的體內原本就存在著無限的力量，你只要發現這股力量就行了。

然後是第四章「你的可能性沒有界限」。你能想像自己成為夢想中的那個人嗎？你想要的東西是什麼？想做些什麼？想要成為什麼樣的人？只要能夠確實描繪出這些想法，你就可以將所有的一切「吸引過來」。

諸如此類，本書將一些能夠為人生帶來成功的關鍵事物有條不紊地整理了出來。這本薄薄的書竟然能夠將所有東西都寫出來，實在是一件令人驚訝的事。

我最喜歡的部分是這本書的第十二章：我們是超越個體的無限存在，而且能夠利用宇宙無限的力量。此外這一章也說，我們應該捨棄那種拼命努力達成某件事物的落後方法，最重要的是學習如何以意念達成目標。這個部分，對於我們這些試圖從大地震和核電廠事故當中重新站起來的人，是絕對有其學習的必要吧。市面上有許多以「吸引力法則」為主題的書籍，但是《改變人生的神奇力量》絕對是當中最為簡潔清楚，而且充滿愛意的一本。

而本書最重要的中心思想就是「為人生建立目標」。

如果你想要卓越地完成某件事，那麼你需要做的就只是樹立一個堅定不變的目標，而且切記不要朝著這個目標埋頭拼命，而是「認真嚴肅地」著手前進。無限制地獲得所有你想要的事物，就是你從上天繼承而來的命運，是你與生俱來的權利。你想要的東西，就會為了為你所用、為你所樂而出現在這個地方。如果不是這樣的話，那麼這些東西又是為了什麼而出現在這裡呢？

這是多麼簡潔明快的道理啊！你播下種子、澆灌清水，接下來就只要安心地依照自然法則，期待種子發芽即可。只要做出應該做的事，所有事情就會自然而然順利進行。不覺得這是十分樂觀積極的態度嗎？

這本書裡也告訴我們冥想的方法。「當一整天的活動即將結束，你的生命力因為日常事物和工作而稍微減少時，請盡可能在晚上騰出沒有任何人打擾的三十分鐘、最好是一小時的時間，讓你和自己這個存在靜靜地相處。這時，請選出一個你需要的語句，並試著和該語句一同進行冥想。」另外書中也附上了冥想用的語句清單。

如果你能夠在讀過本書之後開始進行冥想，相信你的人生就會自然開始朝著好的方向前進。因為你所需要的人、事、物，都會開始選在最佳時機出現在你的人生當中，並將你帶往另一個嶄新的次元。

另外，本書在一九九六年時曾用《運命の貴族となるために》（如何成為命運之貴族）這個書名，由日本飛鳥新社出版發行。當時雖然造就了一批熱烈的支持者，但是「吸引力法則」這個主題可能還不夠成熟，因此並沒有廣為流傳。五年之後，飛鳥新社再版此書，並將書名改成和原書名幾乎相同的《マスターの教え》（大師的教誨），引發了巨大的迴響。至今本書依然受許多人喜愛，並成為人生當中難得的良伴。希望你能夠細細品嘗這本書所擁有的舒適感，以及一絲絲的神祕能量。

和平戰士的旅程

Sacred Journey of the Peaceful Warrior

中文版
丹・米爾曼／遠流出版
1996年7月初版
英文版
Dan Millman／Paperback
1991年5月初版

本書翻譯自一九九一年於美國出版，由丹．米爾曼所著的《*Sacred Journey of the Peaceful Warrior*》一書。

丹．米爾曼的著作當中，最有名的是在一九八〇年出版的《深夜加油站遇見蘇格拉底》（*Way of the Peaceful Warrior*）。當時這本書成為美國最暢銷書籍，丹．米爾曼也在一夕之間成為風雲人物，現在已被視為新時代和靈性世界的經典作品。第一本作品，故事描述加州大學柏克萊分校的一個學生，同時也是體操和彈簧墊的著名選手——丹，遇上了一個在加油站工作、名叫蘇格拉底的老人。丹在老人的引導之下發現了自己內心當中的真理，開始走上「和平戰士（Peaceful Warrior）」的道路。當時雖然是一九八〇年，但是也已經是新時代這種新思潮開始在美國普遍流傳的時候。丹．米爾曼這本形同自傳的故事，對於那些受到類似想法吸引的人來說，不僅是極富衝擊性的一本書，同時也是發現自己內心真理的引導之書。

距離第一本書出版的十一年之後，丹．米爾曼再次出版了他下一場靈性旅程的故事，即《和平戰士的旅程》。和蘇格拉底見面之後第一次發現內心真理而踏上了「和平戰士」之路的丹，隨著離開蘇格拉底以及大學畢業之後，因為被捲入了工作與家庭生活等俗事而喪失自己的人生目標。他苦於對自己的生活感到不滿，總覺得缺少了些什麼。同時他和他妻子的關係也每況愈下，最後淪於分居。

不過在那個時候，他發現了逃離這個窘境的方法，那就是踏上旅程。於是他首先前往德國，造訪了許多靈性導師。但是他始終未能找到真正的導師，最後決定回去美國。然而他卻在中途經過夏威夷時，遇上了他真正的導師——馬瑪琪亞。

相對於近似真實體驗的《深夜加油站遇見蘇格拉底》，這本《和平戰士的旅程》則是他將各種學習過程整理濃縮成單一體驗的虛構小說。逐步引導他前進的女性馬瑪琪亞，是夏威夷的卡夫那（Kahuna），也就是所謂的通靈者。據說馬瑪琪亞是他將當時指引他的眾多導師們融合塑造而成的角色。

這個故事的背景在夏威夷的莫洛凱島（Molokai），在莫洛凱島的大自然中，混有夏威夷和日本血統的馬瑪琪亞，賭上了她的性命引導丹前進。此時丹學習到的就是將自己心臟的脈輪開啟，和神聖的自我合而為一。最後，丹終於和神聖自我合為一體，品嘗到內心和平以及至上幸福的滋味。

同時他也明白了所謂靈性之旅，或是與自己內心的真理相會之旅，其實就是深入自己內心的旅程，而不是在世界各地旅行尋訪靈性導師，或是前往特別的能量點尋求力量。

作者丹．米爾曼現在住在美國加州，依舊以靈性講師的身分舉辦座談會、演講，並從事作家活動，給予許多人指導。過去他還是學生的時候，曾經是相當活躍的大學體操和彈簧墊代表選手。後來他在幾個大學裡擔任體育學教授，同時開始在體育報紙上執筆寫作有關訓練的方法，以此累積了寫作的事業基礎。他的第一本書寫的是關於鍛鍊的自然法則。之後他又寫了一本更加大眾化，而且在日常生活各方面都有助益的書，也就是一開始介紹的《深夜加油站遇見蘇格拉底》。不管是這本書還是《和平戰士的旅程》，都已成為新時代的經典作品，至今美國的靈性世界專門書店也一定會有這本書，作為靈性世界的入門書實在是再好不過。尤其本書內容是以小說形式教導重要的法則與真理，所以不必擔心內容無聊，這一點讓本書成為一本非常優秀的讀物。這次為了寫這篇文章而重新翻閱這本許久未讀的書，書中關於夏威夷熱帶雨林的描寫、馬瑪琪亞的身形與動作，還有發生在主角身上的神祕體驗，還是讓我興致勃勃地看個不停。

丹出版了很多書，在日本除了上面介紹的兩本之外，德間書店也出版了《*The Life You Were Born to Live*》。這本書是利用生命數字學（以出生年月日推算此人命運的方法），告訴我們每一個人所選擇的人生目的，還有應當克服的問題。對於了解自己還有深入探索自我來說，可說是助益良多的一本書。

在《和平戰士的旅程》一書中，馬瑪琪亞不斷強調一句話：「當你準備好的時候自然會遇上老師。」這是在靈性世界當中經常使用的句子。當我們回顧這三十年的翻譯人生，似乎總是在自己準備好時，就會從某處蹦出必要資訊，讓我們碰上那個時候能夠引導我們的老師、講座或工作坊、還有冥想等人事物。然後到現在，人們的意識逐漸出現重大的變化，變化的速度也在逐漸加快。這是因為要是我們再不從老舊的社會和經濟制度改變為注重愛與關懷的社會的話，我們自己的存續也會出現危機。也因為如此，現在才會有那麼多扮演導師角色的人、講座和方法等。這些人事物絕對會在你需要的時候、會在你準備好的時候，出現在你的面前。

然而事實上，我們自己一個人也可以進行深入自我的內在之旅。尤其當自己碰上人生的逆境，其實就是一種警訊，警告你要去找出自己內心當中的負面之物以及妨礙自己成長的部分。這時不管有多麼痛苦，你都必須好好注視自己，對自己誠實，承認自己的人生就是自己的責任。然後下一步就是好好去愛那個原原本本的自己。

當初翻譯完這本書之後突然想試試看 Dolphin Swim（與海豚共遊），於是我前往夏威夷島。隨後立刻就被 Dolphin Swim 和夏威夷島上的大自然深深吸引，此後幾乎每一年我都會前往夏威夷旅遊。如今我深深覺得，這本書說不定就是引導我前往夏威夷的機緣之一，也可能是馬瑪琪亞的能量在呼喚我。此外，我還在夏威夷島上和自己的內在孩童相遇，透過自己和大海、森林的接觸，體會到廣大意識的浩瀚無邊。相信這一切都並非偶然。二〇一一年八月，我再次前往睽違四年的夏威夷島，所以現在我以自己在夏威夷島上的經歷再次閱讀這本書，發現自己似乎比以前更加深刻地了解了書中內容。

我一九九六年前往美國洛杉磯時，曾經和丹・米爾曼通過一次電話。當時正好是確定接下這本書的翻譯工作後不久。我早上九點左右打電話過去，結果他說：「請等一下，我現在正要送女兒去學校，稍後再回電給你。」然後就掛斷了電話。過了二十分鐘左右，他就打了電話過來，這時我們才總算能夠聊聊。我還清楚記得當初心中想的是「真是個好爸爸」、「真是溫柔的人啊」。他對於這本《和平戰士的旅程》能在日本出版感到非常高興，而他也是我希望能在將來某一天見上一面的其中一位作者。

致富密碼

The Book of Secrets:

The Way to Wealth and Success

中文版

羅伯特・培卓／正元出版社

1999 年初版（已絕版）

英文版

Robert J. Petro／HarperCollins Publishers

1997 年 1 月初版

這本書在日本起初是以《霍華的故事——邁向成功的50個祕密》（ホワンの物語——成功するための50の秘密）為書名出版發行，書中描繪成功的祕訣，廣受眾人喜愛。再加上享有賢者之美名的商業之神齊藤一人先生大力推薦，因此吸引了非常多人閱讀本書。每個人都說自己被此書深深感動，甚至有讀者表示這本書是用來學習商業哲學的最佳教科書。

本書的原書名是《*The Book of Secrets: The Way to Wealth and Success*》。日本在出版十年後推出增訂版時，將書名更改為《祕密之書》（秘密の本），加入插畫，修改裝訂方式，變成了一本時尚中帶有成熟氣息的書。

本書敘述身無分文的主角——霍華一邊跨越過種種困境，一邊和許多人邂逅，敞開心房，不斷努力，最後總算抓住機會開拓自己的人生，是一篇充滿著愛與勇氣的故事。有許多自我啟發和成功法則書籍的暢銷作者都大力讚揚此書為「聖經」。因為內容相當簡單，國中生或高中生應該都可以輕鬆閱讀，英文原文也沒有想像中困難。

作者羅伯特．培卓是在美國商業界相當成功的億萬富翁，擁有一座位於亞利桑那州的主題公園「牛仔與罪犯的西部城市」。同時他也是電視製作人，並在自己的電視節目和廣播節目當中演出。從身無分文到名利雙收，作者親身體會學習到的成功祕訣，就融入在本書故事當中。據說他是在閱讀保羅・科爾賀的《牧羊少年奇幻之旅》之後大受感動，因而興起了想要寫出這種書的念頭。後來他將自己從經驗中學習到的成功哲學整理出來，寫下了這本書。

我現在重新再看過這本書之後，發現主角似乎比《牧羊少年奇幻之旅》的主角更能與讀者合為一體。可能是主角那堅強又有點膽小的個性，總是讓人不由自主地想要為他加油的關係吧。主角失敗時為他冒出一身冷汗，成功時又忍不住替他鬆了口氣。我就是這樣隨著情節起伏看完這本書。

如同原書名所示，這本書以非常具體的過程描述了「為獲取財富與成功最重要的事物為何」，是一本導向成功的書。

故事從主角霍華去世的時候開始。霍華並沒有留下任何土地或金錢、遺產給自己最愛的孫子安東尼奧，只留下了一本書。這本書裡記載著霍華自己的一生。因為霍華認為，就當時的政局與國情來看，金錢和土地都不可靠，真正可靠的是學習「成功的智慧以及生活方式」。這就是霍華的故事。故事發生在墨西哥，一個貧富差距極大、土地貧瘠、警察濫用公權力的無政府世界。

父母雙亡的貧窮少年霍華被冷酷的農場主人趕出故鄉，不得不牽著一頭叫做泰莉莎的騾子前往大城市。當他一邊怨嘆命運的殘酷一邊和泰莉莎開始旅行之後，過沒多久便幸運遇上一位名叫艾克托瑞的大富豪。霍華從他身上學到了「機會俯拾即是」的道理，再次踏上旅程，而這就是他邁向成功之旅的起點。

故事當中講述了許多成功的祕訣，不過最重要的一點還是「危機就是轉機」。雙親接連死亡，自己又被無情的地主亞南迪斯趕出農場，少年因此不得不前往大城市。受這種毫無天理可言的悲慘情況所迫，逼得他不得不面對巨大的危機，但是也因此使主角獲得了更大的展翅翱翔的機會。

熟悉而且安穩的生活非常難能可貴，但是這樣的生活無法孕育出了解世界之廣大、或是得到巨大幸福與成功的機會。在失去自己一直以來總認為「理所當然」的生活與工作，被迫面對巨大的危機時，我們就會因為不得不前往完全未知的世界，而在該處獲得掌握巨大幸福與邁向成功的機會。就算是因為遭逢天災而失去一切，若能把這個危機當成是邁向嶄新人生的機會，路可能就會因此無限延伸開展。

另外，如果少年沒有被冷酷的農場主人趕出去，說不定就不會點燃他追求成功的欲望了。因為「所有發生的事都有其緣由」。超越人類智慧的力量——命運，有時會引導我們的命運」。不管是在哪一個時代的哪一個人物，儘管形式不同，他的人生一定會出現轉機。而怎樣運用該轉機或機會，就決定了他能否獲得成功。我想這一點應該就是本書受到許多人喜愛的理由之一。

書中也描述了邂逅的重要性。被趕出故鄉、走投無路的主角，在遇上大富豪艾克托瑞時鬆了一口氣。艾克托瑞成為霍華一生的導師（Mentor），教導他各種成功的祕訣，並在背後默默地幫助他。除此之外，主角和雇用主角的餐廳店長佩德羅的邂逅、還有他和給予他家庭般溫情的法尼塔一家人相遇等經歷，都是因為霍華遇上了善良的好人，所以才能得救。

我們每個人都擁有自己的夢想與願望，當自己開始認真實踐夢想與願望時，宇宙就會對我們伸出援手。只要能夠珍愛自己、信賴自己，並誠實地將百分之百的心力注入其中，機會就一定會來臨，與良善之人的相會也指日可待。

霍華的導師艾克托瑞說過下列這段話：

「真正的財富並不是金錢。邁向成功真正需要的是靈魂的富足以及情感的豐饒。」他還說過：「所謂靈魂的富足，就是對所有的事物心懷崇敬，珍愛自己、他人以及這個世界。如果你了解良善的生存方式為何，那麼最重要的就是對那些還不了解的人送出你的關愛，並且耐心等待。」這本書讓我們重新深入思考到底何謂幸福與成功。

本書的最後一段整理了艾克托瑞的成功祕訣，總數高達五十個，我在此挑出幾個介紹給大家：

1. 機會俯拾即是。
2. 向智者尋求建言，尋訪益友。
3. 持續懷抱樂觀進取的態度，不要忘記夢想與願望。
4. 對人敞開心房。
5. 看待人生的任何事物都要心懷愛與誠意。
6. 金錢不過是真正富裕的其中一面，靈魂的富足也是非常重要的。
7. 人生的終極目標就是追求幸福，而且真正的成功只能靠自己的努力達成。

祕密

The Secret

中文版

朗達・拜恩／方智出版社

2007 年 6 月初版

英文版

Rhonda Byrne ／ Atria Books/Beyond Words

2006 年 11 月初版

每隔幾年，靈性世界方面的書籍就會出現一本大受好評的傑作。《心靈之舞》、《聖境預言書》還有《與神對話》（將在197頁加以介紹）等書固然屬於此類，而這本《祕密》也是其中之一。事實上，與其說這本書是靈性世界方面的書，不如說是偏向自我成長、或某種成功法則的書應該更為貼切。因為真正發自內心想要成功的人讀了這本書之後，能夠藉此發現所謂成功到底是什麼，並了解自己真正想要與渴望的事物究竟為何。但是如果你只讀了剛開始的部分，僅採納「許願」、「相信」、「接受」等技巧的話，可能就無法保證你一定能夠成功了。

自從二〇〇六年十一月美國出版了《祕密》這本書以來，閱讀人數之多幾乎猶如普遍的社會現象，並引爆了種種話題。據說在全世界賣出了八六〇萬本。日本也在二〇〇七年十月由角川書店出版發行，儘管銷售狀況不如美國，但是在日本也成為了相當程度的暢銷書。

許多人對這本《祕密》相當著迷，也親自嘗試了「吸引力法則」。有人成功，也有人失敗，最後結果有喜有悲。光是《祕密》的相關書籍，日本國內就出版了好幾本，幾乎讓「吸引力法則」這個詞成為靈性世界的人們之間普遍的用語。那麼，為什麼這本書能夠獲得如此大的關注呢？

所謂「祕密」指的是成功的祕密。「只要閱讀本書，知道成功的『祕密』之後，你就可以得到所有你想要的東西，可以成為任何你憧憬的人物，可以成就一切你想完成的事。」用這樣的口號加以宣傳，加上書中也是如此敘述，當然能讓所有人湧出閱讀本書的欲望。而且它還強調了長久以來這個成功的方法始終被嚴加保密，現在這本書就要將這個祕密公諸於世，當下便激發人們無論如何都想知道的念頭。再加上現代網路媒體的普及，對《祕密》感興趣的群眾們可以透過網路觀看影片預告。這本書的內容原本是影片，之後再將那些影片內容出版成書。從這一點來看，本書成為暢銷書的誕生經過可說是再符合現代社會不過了。

從內容來說，其實並沒有任何一直保密的東西，全部都是過去的自我成長、成功法則類書籍長久以來介紹的道理。朗達・拜恩也沒有針對「吸引力法則」提出任何新見解。她只是把內容整理成簡單好懂的形式，並把這件事情當成自己的功績而已。她在本書的開頭如此寫道：「你會知道自己的真實面目。你會知道，那等待著你的、真實華麗的世界。」不僅僅是單純實現夢想而已，「了解真正的自己」、「發現自己的偉大」等敘述，確實帶有非常濃厚的靈性色彩，尤其是在本書的最後還提及「宇宙的一心」（One Universal Mind）的相關內容。

「一切的存在都是『宇宙的一心』，而這『一心』是無所不在的，它存在於一切事物中。這『一心』就是所有的聰明、智慧、圓滿；它就是一切，並在同一時間遍及各處。如果一切都是『宇宙的一心』，而且存在於每一處，那麼它也全都在你心中！」

實際上，這本書想告訴我們的是「去發現自己到底是什麼人」。本書最厲害的地方大概就是它的總結吧！它請大家緊緊擁抱自己的優點：「這祕密就在你的內心。越去使用你內在的力量，你就會引出更多的力量。你將會達到一個毋須再練習的境界；因為你將成為那個力量、圓滿、智慧、智能；你就是愛、就是喜悅。」

身為本書的翻譯者，我覺得《祕密》是在結尾處寫了極為重要內容的一本書，我深切地希望能有更多人閱讀它。

作者朗達．拜恩在五十多歲時遭逢了人生的重大危機。父親去世、與工作夥伴和戀人之間的關係破裂，使她的身心都因此疲憊不堪。這時，她的女兒海莉送給她一本書。這是一本百年之前由華勒思．華特斯（Wallace Wattles）所寫的《失落的致富經典》（*The Science of Getting Rich*）【譯註11】。這本書的內容是有關宇宙的法則，而其中心思想就是「吸引力法則」，也就是「物質是從思考之中誕生」。華勒思認為「思考這個行為能夠催生各種不同的事物。剛誕生不久的思考將會滲透、擴散並充滿整個宇宙。思考的目的就是製造出種種經由思考而誕生的事物」。

朗達．拜恩則是這麼說：「起初我完全不敢相信。為什麼一般社會大眾會不知道這件事？」於是她有一種熱切的想法，希望能把這個「祕密」分享給世界上所有的人，並且開始在所有存活的人類當中尋找知道這個「祕密」的人。結果令人驚訝的事情發生了。她自己簡直就像是變成磁鐵一般，偉大的大師們出現在身邊，之後其他的大師們也如同連鎖反應似地接連現身。後來她興起了將這個「吸引力法則」拍成影片散布到全世界的念頭，而「散布到全世界」的這個想像畫面成為她腦中堅定不移的意念。她充分發揮自己的才能，完成了一部了不起的DVD。當這部DVD開始在全世界販售後，奇蹟般的故事開始接二連三地回報過來。

「奇蹟似的故事開始如潮水般湧至：有人寫信說，長年的病痛、憂鬱症和疾病痊癒了；有人在意外發生後，第一次站起來走路；甚至有人從臨終病床上活了過來。我們收到成千上萬的信，訴說著他們運用這個祕密後，帶來巨額財富和意外之財的故事。人們利用這個祕密，使他們理想中的房子、人生伴侶、車子和升遷都一一出現。還有許多商場上運用這個祕密才幾天，生意就有了轉變的事實，以及親子間的緊張關係，終於恢復和樂的溫馨故事。」（出自《祕密》）

這本書能在美國獲得空前的成功，應該是因為美國人想要獲得幸福、時機已成熟、嬰兒潮世代的人們正在摸索新的人生意義、網路媒體普及化，還有許多電視節目和新聞都爭相報導等原因。

此外，朗達．拜恩的呈現技巧和她的熱情應該也可說是成功的原因之一。本書中並沒有特別令人耳目一新的內容，至於「思想變成實物」這個理論在美國其實是新思維（New Thought）的思考方式，拿破崙．希爾（Napoleon Hill）等人也提過類似說法。朗達．拜恩則是運用了表演形式，例如把這個事實當成「祕密」，或是告訴其他人歷史上的名人都是利用這個祕密才獲得成功等，使盡全力說得跟真的一樣。能否善加利用「吸引力法則」其實是因人而異，如果你相信《祕密》，這份信念應該就會招來成功。朗達．拜恩因為熱切希望「把『吸引力法則』告訴全世界的人」而採取行動，最後真的獲得宇宙的協助而大大成功，這個事實正是最佳的佐證。

我希望能有更多人閱讀這本書。如果你能夠仔細地看到本書的後半部，相信宇宙的巨大能量就會朝著你流去吧！

另外，我也希望各位能夠一併閱讀本書的藍本——華勒思．華特斯的

《失落的致富經典》。

因為這是內容充滿與現代社會共通之處，讓你無法想像它是百年前完成的一本書。

【譯註11】台灣由方智出版，山川紘矢・亞希子的翻譯版本則為《富を「引き寄せる」科学的法則》（吸引財富的科學法則），日本角川文庫出版。

自宇宙捎來的信

Notes From the Universe

中文版

麥克・杜利／未出版

英文版

Mike Dooley／Atria Books/Beyond Words

2007 年 9 月初版

《自宇宙捎來的信》，其實是將麥克．杜利免費寫給「人生冒險俱樂部」會員的電子郵件彙整而成的一本書。當中蒐集了幽默中不失深遠意涵的短文，是一本能讓讀者和宇宙成為朋友的書。如果我們把宇宙比喻成神的話，應該會比較容易理解。本書能夠拉近你和神之間的距離，讓你覺得神一直都在自己身邊為自己加油。

《祕密》一書的作者朗達．拜恩對這本書讚不絕口，她說：「這本書已經數次將我的日子轉變成喜悅。」自宇宙捎來的信，每一天的簡短信件都幽默非凡，讓人忍不住露出微笑。這本書也在日本造就了許多熱情的支持者，繼《自宇宙捎來的信》之後，加上《*More Notes From the Universe*》、《*Even More Notes From the Universe*》，總計三部作品被翻譯成日文出版。不管從哪一本的哪一頁開始閱讀都行，只要隨手翻開一頁，就能收到最符合現況的訊息。

本書的主題是「將思考現實化」的吸引力法則，和朗達．拜恩的暢銷作品《祕密》的思考方式頗有異曲同工之妙，朗達．拜恩會給予此書最高評價也是有理可循。不過書中強調，最重要的並不是思考之後等待，而是在思考之後從自己辦得到的事情開始採取行動。

作者麥克·杜利在《祕密》的DVD和書中都以一名賢者的身分登場，因此在《祕密》成為暢銷作品的同時，他也隨之成為世界知名的人物。據說在那之後，他四處受邀進行演講、講座，或是參與廣播和電視節目，變得非常忙碌，YouTube上也能聽到他的演講。

本書中出現的宇宙非常幽默風趣，而且十分溫柔，讓人覺得祂就和朋友沒兩樣，而且幾乎沒有做出任何「這個不能做、那個不能做」之類的強制要求。

書中反覆告訴我們：「你就是偉大的光之存在。你是現在冒險於時間與空間之間的勇敢靈魂，是永遠不滅的存在。請不要被肉眼看不見的事物所迷惑。一切都沒有問題，你一定會成功的。」此外書中也說：「你是擁有崇高價值的存在，所以可以儘管祈求任何偉大的事物，而你的祈求終將成為現實。但是不可以只是祈求，不管怎麼做都可以，請依照自己的直覺，從你目前所在之處朝著你的目標方向踏出第一步吧。」

「幸福是自己創造出來的。你可以辦到這件事。天使會一直注視著你，為你加油。」這就是麥克．杜利想要透過這本書告訴我們的，來自宇宙的訊息。

麥克．杜利曾說他自己從年輕的時候開始就和其他人有所不同。他一直認為其他人一定知道一些自己不知道的事，因而使他燃起了旺盛的求知慾，想要更加深入了解其他大部分的人都覺得理所當然的事情。他想更加深入了解「人生究竟為何」這個問題，而這股「想要知道」的欲望將他導向了內在的智慧之道。漸漸地，他知道了這個問題的答案，同時也接連開啟了通往各種智慧的大門。答案與智慧總是在他發呆的時候直覺般地靈光乍現，所以他認為這些智慧與洞察力其實存在於每個人的內心當中。

到了二十歲時，他開始了解到我們會存在於此處絕非偶然，神的存在並不是為了對我們施以制裁、責難，或是做出判決，而是時時勸誡我們、關愛我們。此外他也發現我們可以透過思考，與神一起成為共同創造者，並成為宇宙的偉大戰士，歌頌永無止境的挑戰。

我們是自己決定出現在地球上的，而且每個人都有其獨立的存在理由與目的。其中最重要的存在理由，就是在這裡享受冒險的樂趣。換個說法就是度過幸福的人生，並且獲得屬於自己的成功。

一九八九年，杜利一家——也就是母親、兄長和麥克三人成立了一家新公司TUT（Totally Unique Thoughts），並以TUT作為商標名稱。這是一間在T恤上印製流行語並加以銷售的公司。他們把自己的想法印製在T恤上傳達給別人知道，例如「所有人都是特別的」、「所有的人生都有其意義」、「我們是為了學習夢想一定會實現的道理才誕生於此」。這個點子非常成功，他們賣出了高達一百萬件的T恤，但是過沒多久就陷入了低潮。他在破產之前將公司收了起來，為了當回會計師而四處尋找工作，可是卻進行得不順利。然而他早已知曉「吸引力法則」的祕密，他知道自己的工作並非思考該怎麼做才好，因為這個工作應該是由宇宙負責的。自己只要將焦點集中在自己想要獲得的結果或是自己想要得到的人生上，認真地進行眼前的每一件事、把每一個可用的棋子全部翻開、敲遍每一扇門、依照自己的各種衝動直覺行動的話，宇宙自然會引導自己，並且細心關注每一件小事。

他完全不回顧過去，持續保持著前進所需的樂觀，並順著自己的直覺和預感行動。結果在他回過神來的時候，他已經開始用電子郵件發送「自宇宙捎來的信」了。後來，成功總算翩然降臨。透過口耳相傳，「人生冒險俱樂部」的會員已遍及全球一七四個國家，人數高達二十三萬人。他曾經這麼說過：「只要能夠理解現實的本質，了解心中所想一定會實現，把過去放下，與夢想一同生存下去，這樣就足夠了。」

本書中「自宇宙捎來的信」，換言之就是來自宇宙的訊息，它巧妙地照亮了所有讀者的內心之旅，點燃你的記憶，把你拉進同樣的思考當中，呼喚你內在當中沉睡的神性。每一則訊息都讓我們思索「我們到底是誰？」、「我們為什麼會在這裡？」書中也提到每一個人都能自由使用的魔法，字裡行間穿插著真理。而熱心追求真理的讀者們也會在每一句話當中逐步發現比書中內容更加深奧的人生意義。舉凡「懷抱偉大的夢想」、「夢想一定會實現」、「相信宇宙」、「我們是創造主，就是神」等，從本書中獲得的真理一定可以派上用場。

一年五十二週、一週五天，任何人都可以收到麥克．杜利的免費電子郵件「自宇宙捎來的信」。我們也一樣收著一星期五封的郵件。特別建議想要增強英文能力的人訂閱，這還可以幫助你學習。信件內容總是以名字呼喚你，因此感覺上彷彿收到了特別的愛一般。請務必訂閱看看吧！

力量

The Power

中文版
朗達・拜恩／方智出版社
2011 年 3 月初版
英文版
Rhonda Byrne／Atria Books
2010 年 8 月初版

美國在二〇〇六年出版了世界知名暢銷書《祕密》，因此在轉眼間成為全球知名人士的作者朗達．拜恩，於四年之後，也就是二〇一〇年出版了這本《力量》。

我猜想朗達．拜恩在《祕密》一書出版時，可能徹底要求了書本的裝訂方式、插畫和紙質。據說日文版出版時出版社也收到了嚴格的要求，希望能採用與英文版相同的裝訂方式，而且每一頁都要採用相同的顏色與插畫。每當我們偶爾出國時，只要一進入當地機場的書店，就能發現各國版本的《祕密》，而且每一本都是同樣的封面，其中又以日文版最為美麗。

到了日文版的《力量》出版時，同樣完全依照英文版的樣式印製。紅色的底色飄散著如同天使、花朵一般的紋樣，給人一種溫暖的感覺，內頁當中也繪製著淺咖啡色的野草圖案，請先盡情享受這本書的裝訂方式吧！《力量》一書的內容是關於「宇宙之愛」，而《祕密》的中心主題則是「吸引力法則」。你可以利用吸引力法則得到自己想要的東西、成為自己憧憬的人物，或是成就自己試圖完成的事。聚集許多在人生當中實現這個法則的人的心聲，然後「如果有希望得到的東西，就想像自己已經得到那個東西，並且行動得像是自己已經得到那個東西」，如此一來夢想就會實現。相信這也可以解釋成「吸引力法則」的祕密「吸引」許多讀者閱讀這本書。同時也有非常多人因為閱讀這本書之後擺脫了一直以來的負面思考，改變人生，得到了自己想要的東西。也正因為如此，這本書才會成為風行世界的暢銷書籍。

然而，我認為《祕密》一書中最重要的訊息就是「現在自己擁有的一切都是自己吸引而來的」。換言之，不管你現在所處的情況是好是壞，全部都是你自己造成的。也就是說，你是自己負起責任實現了目前的狀況的。此外，《祕密》當中也寫出感謝和施予他人的重要性，只不過大多數的讀者都容易只將注意力集中在利用「吸引力法則」使自己的願望實現。結果就是造成「吸引力法則」無法完全發揮功效，並且引發批評聲浪，認為這種想法只會大力助長物質性的利己主義，甚至有人認為本書的宣傳方式過度具有威脅性。

那麼，朗達．拜恩的第二本書《力量》又是如何？當我閱讀這本書的時候，我覺得這本書比《祕密》更加精采，這本書才真正寫出了最終極的真理，因為這是一本「關於愛」的書。對靈魂成長來說最重要的一點，不就是了解「愛是什麼、自己是誰、宇宙到底是什麼」嗎？你可以在《力量》當中找到這些問題的答案。

本書一開始，朗達．拜恩這麼寫著：

「在《力量》中你會了解到，要改變你的人際關係、金錢、健康、快樂以及整個人生，其實只需要一樣東西。

你不必先讀過《祕密》才能透過《力量》改變自己的人生。因為你需要知道的每件事，都已經包含在《力量》這本書裡。關於你自己和你的人生，你還有很多要了解的，而且全都很美好——事實上，它們不只美好，而是精采非凡！」

書中完全沒有任何艱澀的內容。《力量》裡只寫了關於愛的基本知識，也就是所謂的「愛」究竟是什麼。只要理解這一點就可以了。書中所說的愛和你至今一直思索的愛——戀愛感覺的愛不同，而是更加深邃廣大的愛。若是這份愛逐漸成長深入，就會慢慢變成普遍性的愛、愛護所有事物的愛，最後抵達「神之愛（Agape）」的境界。「當你在自己的內心以及所有事物當中找到這份愛的時候，你的人生一定會有所改變。不管是想要的東西、健康以及成功，一切都能納入掌中，而最後的結果就是逐漸改變世界。」朗達・拜恩如是說。愛的力量才是讓現在這個極端混亂的世界朝向幸福前進的原動力。

感覺上這麼多年來，我們透過翻譯靈性世界的書籍而學到的眾多關於靈性方面的事物與道理，似乎全部都濃縮在這一本書裡。雖然並沒有任何特別嶄新的想法，但是書中確實清楚簡潔地寫出了我們現在必須理解的道理。

《力量》是一本非常棒的書。我希望能有更多人閱讀，而且要反覆地閱讀，去理解愛的本質，同時也請務必實踐本書中所寫的方法。

天使的眼神

Angels Watching Over Me

中文版
婕克・紐寇伯／未出版
英文版
Jacky Newcomb ／ Hay House UK
2007 年 10 月初版

你是否曾經想要和已經去世的家人或朋友再次見面、再次交談呢？是否曾想著當初要是對他更好一點就好了、要是能陪伴他更久一點就好了，因此想要為了這些事向對方道歉呢？

《天使的眼神》就是為了這些人所寫的書。「我們的存在就如同波動一般，不管是在這個世界擁有肉體，或是失去身體停留在另一個世界，實際上我們可以利用各式各樣的方法再次見面、接觸彼此。」本書的作者婕克．紐寇伯如此溫柔地訴說著。

婕克被稱作「天使女士（Angel Lady）」，是一位在英國擁有廣大人氣的女性。她寫了許多關於天使、高靈，以及死後世界的書，在報紙和雜誌上擁有自己的專欄，甚至在電視和廣播節目上演出，因此獲得許多人的支持。此外她每天都會收到全世界讀者關於神祕體驗、靈異體驗的各種相關訊息與問題，每一個問題她都會親自解答並回信。我想，擁有驚人的人氣也是理所當然的吧。

這本書告訴我們，她是用什麼樣的方法才能與去世的愛人再次見面。

她用她收到的豐富資訊做為基礎，詳細說明了已逝之人是如何發送信號給我們；該怎麼做才能讓我們在夢中相會；還有他們為什麼會以各種形式出現在我們的身邊……等。

說到和已逝之人交談，其實還有另一種方法，那就是透過靈媒或通靈者聽取他們的話，不過婕克並不十分推薦這種作法。理由是，因為你不知道自己可以信任那位靈媒到什麼程度，而且實際上就算不依靠靈媒，你自己也可以和他們再次相會。

根據她的說法，其實已逝之人會用各種形式和我們說話、向我們發送信號。舉例來說，有時當你思念著某個已經去世的人，你會聞到那個人喜歡的香菸或是香水的味道，或者是聽見音樂，她的讀者就曾經有過類似的體驗。此外最常見的就是出現在夢中。那個時候的夢境會異常地清晰，就算醒來也能清楚記得，而且還會留下溫暖的回憶，或是讓人感受到愛。

除此之外，還可能聽見人聲。如果我們能敏銳地掌握到所有朝自己而來的感覺，逝者發出的信號可能會像是理所當然一般時時出現也說不定。

那麼，在這些時候，逝者到底想要告訴我們什麼呢？絕大多數的時候，他們是來告訴我們：「不必擔心我們，我們在這個世界過著幸福的生活。」還有「不需要感到悲傷。因為我們一直都在這裡、一直待在你的身邊，而且還可以像現在這樣再次見面。」

另外，我們有時會對已逝之人懷有各種罪惡感。在這個時候，他們會告訴我們：「你不必為此感到內疚。我現在非常感謝你。我過得很幸福，所以你就捨棄你的罪惡感，然後變得幸福吧。」

《天使的眼神》一書中充滿了各種不可思議的故事，每一則故事都是婕克的讀者的親身經歷。所以當你在閱讀時，說不定也可能發現自己曾經歷相同的體驗。

本書中也非常簡單清晰地說明了死亡是什麼、靈魂是什麼、是否真有輪迴轉世等靈性世界的基本常識，所以對靈性世界的初學者而言，這本書可說是非常好的入門書。

從主婦之友社那裡得知這本書即將翻譯出版的消息後，我們和許多失去孩子的父親和母親們見過幾次面。其中幾乎所有的父母都對孩子的死亡抱有深刻的罪惡感，被悲傷徹底打垮，而且每一位父母都由衷希望能夠和自己的女兒或兒子再次見面。

為了這些父母親，我們認為一定要把這本書翻譯出來，於是便接下了這份工作，至少這樣可以為這些父母們帶來些許的幫助。雖然我們不知道自己的心意是否成功傳達出去，但是這本書對於這些痛失愛子的父母來說應該算是某種救贖吧。

當初我們思考著自己的這本書裡究竟該介紹什麼書籍時，這本書其實並沒有被放進一開始的清單裡。不過就在前幾天重新檢查書籍清單的時候，我突然熱切地想要把《天使的眼神》也加進去。想法之強烈已經不僅止於「想要」加進去，而是「必須」加進去的程度。這本書和我們經手過的其他書本內容相當不一樣。因為其他書都是要求讀者直視自己本身，讓自己在靈性方面獲得成長的書；可是這本書除了這一方面之外，真正的重點是放在「如何與已經去世的人溝通」上。

老實說，我在那一天早上醒來之前，做了一個非常清晰的夢。二十年前去世的父親出現在我的夢中。在夢裡，我似乎因某件要事而必須前往車站，而至今從來沒有出現在夢中的父親突然現身，對我說「我送妳過去吧」，接著讓我坐上了他的車。父親在生前完全沒有開過車，但是現在卻開得很好。開了一段路之後抵達一個巨大的十字路口，我們本來應該要左轉的，但是父親開在右側車道上所以沒辦法轉彎。就在他告訴我「沒辦法轉呢」的時候我醒了過來。

雖然有點穿鑿附會，但是我覺得這可能是父親想要告訴我的訊息也不一定。我認為這一定是父親趁我重新檢查書單時，偷偷的在背後推了我一把，告訴我「把這本書加進去吧」。而且父親同時也告訴我：「我過得很好喔。妳看，以前雖然沒開過車，但是我現在已經會開了喔！」謝謝你，爸爸。

《天使的眼神》是一本充滿了愛的書，而且也非常淺顯易懂。每當你忍不住想起已經去世的親友時，就請拿起來看看吧！

天堂頻率

FREQUENCY: The Power of

Personal Vibration

中文版

潘妮・皮爾斯／方智出版社

2011年9月初版

英文版

Penney Peirce／Beyond Words Publishing

2009年2月初版

二〇〇六年到二〇〇九年之間，《祕密》一書在美國和日本等地刮起了吸引力法則的旋風。到現在，吸引力法則的相關書籍雖然還是相當受歡迎，但是感覺上當時的狂熱似乎有稍微冷卻的趨勢。

這本由潘妮・皮爾斯所寫的《天堂頻率：提升振動能量，活出最有力的人生》，主要內容是有關如何提高頻率以及頻率的使用方法。潘妮認為「頻率法則」是我們繼「吸引力法則」之後一定要學習的主題。而這本書是在許多人學會了「吸引力法則」之後才出現，感覺上真的相當有意思。

據說潘妮從小就擁有某種近似超能力的直覺。她利用這股超乎常人的敏銳感覺，從年輕時就開始以靈通者為職。二十五年前我們和她第一次見面的時候，她還是用靈通者這個詞稱呼自己，不過沒多久便改成了直覺諮商師。相信這是因為她的作法是先運用直覺來讀取對方的心情或想法，然後再進行諮商的關係。

潘妮對於直覺，還有對自己、他人、以至於事物身上所擁有的頻率有著莫大的興趣，一直持續研究著其中的奧妙，並在一九九九年時出版了

《*The Intuitive Way*》這本書。而現在介紹的《天堂頻率》，可說是這些研究的集大成之作。

現在，地球的頻率正在逐漸升高，這是地球正從三次元轉變成四次元的變化過程。而順著這股高揚頻率行動的我們也同樣在逐漸變化著，意思是我們的頻率也在漸漸上升。只不過這對我們來說是一個從目前已經熟知的狀態前往未知新境界的過程，有時會伴隨著各種困難與痛楚。現代人經常感受到的焦慮、憤怒、抗拒感、失去方向等等的感覺，其實都是症狀之一。潘妮從自己和客戶的體驗當中學到了如何讓這個過程變得更加順暢快速，並在本書中介紹了這些方法。

其實這個過程就是回歸我們自身的過程。本書將這個過程與頻率相結合，用稍微不同的角度說明了這件事。

根據潘妮的說法，我們的意識改變過程共分成下列九個階段。這個過程是從自己和至今大不相同的四次元頻率相遇，並且感覺到它存在的地方開始。

・第一階段：感覺到天堂與人世之間的分界線越來越模糊。開始覺得人生當中應有其他更多事物，想要擁有更好的人生。對瑜珈和冥想產生興趣。感官變得更加敏銳，並持續磨練著自己的直覺。

・第二階段：靈性頻率滲透了你的身體、心靈和感情。因為無法對應此種高揚的頻率，所以會對身體和感情帶來不好的影響。情緒變得不太穩定，有點神經質。

・第三階段：自己潛意識當中的刻板印象、恐懼與憎恨，就像是被高揚的頻率推擠出來似地全部爆發出來。這同時也是學習不管什麼事情都是人生一部分的好機會。

・第四階段：只要一想到自己再過不久就可以捨棄掉那些古老的事物，小我便會突然跑出來大叫「我還不想死！」。也有人會強烈主張自己不需要改變，因而作出種種逃避行為。

．第五階段：舊有的框架逐漸崩潰消失。這時總算不再糾結於自己被恐懼支配的過去，開始捨棄那些無用武之地的舊習慣。

．第六階段：至此總算到達停止受苦的階段。從小我當中解放後，被吸入「現在」這個瞬間之中。感受到自己的靈魂頻率成為現實中的一部分，同時也感受到和平、自由與寧靜。彷彿在自己的中心完全放鬆的感覺。

．第七階段：開始活出新人生。不再使用意志的力量來使人生更加順遂。了解到不加任何變動的人生就是最完整的。

．第八階段：人際關係與家人全都出現了革命性的改變。了解到自己除了個人之外，同時也是集合體的存在。體驗與神合一，而且能夠時時把持自我。

．第九階段：知道自己就是無限的存在。能在瞬間理解並創造出任何事物。可以在人世當中體驗到天堂。

這個過程應該也可以說是開悟之旅吧！現在這個時代，就是我們每一個人各自按照自己的步調，或是按照自己的順序來體驗這九個階段，最後朝著完全覺醒邁進的時代。

本書中點明了每一個過程會碰上的困難和問題，並依照作者的體驗說明該怎麼做才能順利克服。此外書中也強調下一個步驟——磨練直覺，讓自己對頻率更加敏感——對所有人來說都非常重要。書中還附上了磨練直覺用的活動說明，有興趣的人請務必試試看。另外，我也希望大家都能仔細地用心閱讀每一章最後的「來自靈魂頻率的訊息」，因為這些訊息同時也是宇宙直接對著我們內心所說的話。

當我們取回自身的靈魂頻率，換言之就是成為真正的自己時，就不再需要使用吸引力法則了，因為我們已經可以在每一個瞬間當中獲得所有事物。正因為如此，所以潘妮才會覺得「這個法則是接續吸引力法則而來的」吧。

雖然有一些比較難懂的地方，但是書中所寫的內容其實對任何人來說都有幫助，例如本書關於自己慣性思考的第三章，真心推薦給想要拋開過去的人。我自己也在寫出這九個階段的時候回想起至今體驗過的經驗，思考自己現在到底在哪一個階段。感覺上自己似乎比一年半以前翻譯這本書時還要更往前進了一點，讓我莫名地鬆了一口氣。

其實我們在第一本翻譯書《心靈之舞》出版時就認識了潘妮．皮爾斯。因為年齡相近，所以打從一開始就相當契合，交情非常親密。她從那個時候開始，每年都會造訪日本開設個人諮詢或是工作坊。在日本國內，接受她的幫助而使靈魂獲得成長的人數應該相當可觀。我們曾經一同經營工作坊，另外在幾年前前往加州時也曾到她家拜訪。

不過最近幾年她都沒有再來日本，正如同她在書中所說：「以前的我明明每年都會出國，但是最近外國似乎不再呼喚我了。這可能是代表著現在認真寫書比較好吧。」人生是在自己無意識之間逐漸發生變化，不要與之對抗才是最重要的。她的這番話給予了現在的我們相當大的啟示。沒什麼機會和她見面固然令人遺憾，但是能夠像這樣翻譯她的作品，以朋友的身分來說還是讓人相當開心的。

我們偶爾會收到讀者來信說：「我看過這本《天堂頻率》了。這本書真的非常棒。對現在的我來說是最為迫切需要的書。」相信不管你處在哪一個階段，這本書都可以派上用場。特別是當你現在處於靈魂成長初期、感受到各種抗拒感和自我主張的時候，這本書一定能夠成為極大的助力。

不過話說回來，這實在是裝訂得相當奇妙的一本書。

寶瓶同謀

The Aquarian Conspiracy

中文版
瑪麗蓮・佛格森／方智出版社
1993年7月初版
英文版
Marilyn Ferguson／Tarcher
1980年初版

這本書是在一九八〇年於美國發行，隨後在一九八一年日本也跟進翻譯出版。這是最早從學術性、概括性的角度，針對現今地球上出現的人類意識變化進行探討的書。作者是一位名叫瑪麗蓮．佛格森的女性。雖然本書並非最近二十五年之間出版的書，但是它為我們昭示了前進的方向，因此破例加進本書之中。

一九八四年，我們還住在美國的華盛頓特區，因為當時我正在世界銀行工作。那時我們在華盛頓的生活正好邁入第三年，朋友們也都非常友善。我們養了兩隻可愛的白色小狗，過著一邊工作一邊玩樂的日子，真的非常開心。

就在那個時候，我們遇上了莎莉．麥克蓮的《心靈之舞》，我們兩人都深受感動，看待人生的方式也因此徹底改變，因為我們被書中「了解自己是最重要的」這句話深深感動，還想要把這本書翻譯成日文，讓更多人得以閱讀它。當時的我們根本沒有動過當翻譯家的念頭，只是想出自興趣翻譯一本書看看就好。可是我們完全沒有從事過翻譯工作，也不知道該怎麼做才能獲得翻譯的許可。起初我們猜想這本書可能已經有日文版了，所以就先打了電話到出版社詢問，而位在紐約的班坦出版社（Bantam Books）告訴我們：「如果想翻譯的話，就去委託日本的出版社買下版權，然後由你們來翻譯。」可是我們既不清楚日本有哪些出版社，而且我們人又在華盛頓，真的不知道該怎麼辦才好。

某一天，我正在看集結昭和十六年出生的群眾團體「椎之實會」（しいのみ会）的名冊，結果看到了一個和自己的生日只差一天的人，他就是在日本大使館工作的松尾弌之先生。那個時候我突然靈光一閃，想到命運這種東西說不定和生日會有一些關聯，於是我馬上打了電話給他：「您好，我是世界銀行的山川。剛剛我在看會員名冊的時候發現您和我的生日只差了一天呢！老實說我最近碰上了很多有趣的事，不曉得您的狀況如何？」結果對方回答：「是呀，我也碰上了有趣的事情喔。最近我在翻譯一本書，結果事情越做越大，現在正和一大群人一起籌備讀書會呢。」隔天，他便帶了一本書造訪我的辦公室，而那本書就是《寶瓶同謀》。

那一天，我馬上就開始閱讀這本書。書中寫著「現在，時代正要開始出現巨大的變化。這是每二〇〇〇年就會出現一次的變化，如今正要從雙魚座時代轉變成寶瓶座時代。等到西元二〇〇〇年之後，一個充滿愛與光芒的 New Age——也就是新時代就會到來。每一個人內在都會出現典範的變化，舉凡政治、經濟、教育、醫療等各種領域當中，都會開始有一批抱持著和過去完全不同的嶄新想法和看法的人出現。這些人會慢慢地聯繫在一起，社會也會開始改變。這個現象正是宇宙的傑作，以革命稱之實在名符其實。」書中還告訴我們這些新出現的人被稱為寶瓶座之人（Aquarian），每個人都加入了意識的改革。這些覺醒的寶瓶座之人知道自己的使命，也知道最重要的事物並非財富與成功，而是愛與和平。此外他們的意識也漸漸拓廣至肉眼看不見的世界以及靈性世界的存在。這種內在體驗會發生在每一個人身上，如此一來這些寶瓶座之人就會逐漸改變社會。

當時我發現自己在閱讀這本書時感到相當雀躍興奮。我想這應該是因為我發現了自己的真實身分和使命：「是嗎？原來我是寶瓶座之人啊！」

那個時候，我們夫妻倆正好參加了「了解自己研習會」；在研習會上學到的東西，正好就寫在《寶瓶同謀》一書當中。

不過，儘管我們了解了自己，也知道了愛與和平的重要性，但是我們還不知道自己其實是這巨大洪流當中的一部分。隔天，我在極度興奮的情緒下打了電話給松尾先生，告訴他「我也是寶瓶座之人的其中之一」。

《心靈之舞》帶來的衝擊確實非同小可，但是我發現它其實相當偏向個人層次。而這種個人層次經由《寶瓶同謀》一書的指引，讓人了解地球與人類和世界的進化究竟是如何相關連，也讓人察覺自己真正的使命。我們的人生可說是因為莎莉的作品而敞開心門，再由《寶瓶同謀》指示一個特定方向。

本書中再三強調的寶瓶革命，其實早在一九六〇年代就已經開始了。芬霍恩共同體（現為基金會）是在一九六二年成立於英國北部的北愛爾蘭高地上；同時美國加州的大索爾（Big Sur）也興建了依沙蘭學院（Esalen Institute）。在依沙蘭學院裡，聚集了來自世界各地的心理學家、宗教家、身體工作者和藝術家等，共同進行各種開發人類可能性的實驗。他們也開始開發各種方法，以去除施加在自己身上的限制、誘發出自己原本擁有的能力。那個時期由嬉皮們發起的各種活動，其實也同樣是在追求與現今的思考、體制相反的生存方式。同時，也出現了許多人利用ＬＳＤ等藥物來體驗超自然現象，藉此擺脫了以往的想法和慣性思考模式。拉姆．達斯（Ram Dass）教授也是在這個時期完成《活在當下》（*Be Here Now*）一書。也有許多人投往印度靈性導師——巴爾．席瑞．羅傑尼希（即奧修）的門下尋求人生的目的。每一個人的內在都開始靜靜地萌生與過去不同的價值觀和想法。這股浪潮首先出現於美國，接著再慢慢傳播到世界各地，現在已經成為一股足以撼動世界的洪流。

這股洪流並不只是單純的思想變化而已，這代表了次元的變化，以及意識正朝向肉眼看不見的次元擴張。換言之，就是知道我們其實是暫時寄宿在肉體之上的靈魂；知道這個世界上並不是只存在著肉眼可見的事物，還有更多以其他型態存在的實體；知道神、愛與光就是我們自身等道理。

這就是寶瓶革命的中心思想，也是這個世界正在努力達成的最終目標。

遠在三十年之前就能以如此理論性、歷史性的方法說明寶瓶時代的到來、完成《寶瓶同謀》一書的瑪麗蓮．佛格森，其先見之明與智慧之高實在令人驚嘆不已。當然她也有提及這個時代的變革也包含了女性意識的抬頭。儘管我們不太清楚她的生平經歷，但是我們知道她是在一九三八年出生，然後非常遺憾地已於二〇〇八年去世。

本書現在在日本已經絕版，除了二手書之外再也沒有其他管道可以取得。雖然可能可以在圖書館裡找到，但是現在已經是難以取得的書本之一。我相信我們並不是唯一期待這本書能在不遠的將來再版的讀者。事實上這是一本相當艱澀的書，不過光以理解現在這個時代來說，其重要性並不亞於我們經手翻譯的、彼得．拉塞爾所寫的《時光白洞》。我認為這一定能夠成為告訴你現在身處何處、告訴你自己究竟是誰的一本書。而正在閱讀這一本書的你，當然也是寶瓶座之人的一份子。

與神對話

Conversations with God

中文版

尼爾・唐納・沃許／方智出版社

1998 年 5 月初版

英文版

Neale Donald Walsch／Hampton Roads Pub Co Inc

1995 年 6 月初版

這是一本荒唐至極卻又精彩異常的書。因為普遍認為沉默不語的上帝竟然透過我們人類的語言，像朋友一樣和我們交談。對於那些始終堅信傳統的上帝概念的人來說，這可能是一本大逆不道的書，但是這本書實在非常了不起，因此我希望能有更多人閱讀，並就此改變對於上帝的概念。我認為是上帝藉著沃許的手，在二十世紀終結、世界不得不出現改變的時候完成了這本書。因為每個人的內在本質其實都和上帝連結在一起，所以只要閱讀本書、認真地豎耳傾聽自己內心的聲音，如此一來就會發現人人都可以與神對話。等到自己能夠聽見自身靈魂的聲音之後，接下來就只要相信自己內心當中的上帝並依其指引行動即可。

作者唐納·沃許從小學時代開始就一直夢想成為神父之類的神職人員，但是這個夢想卻因為父親反對而未能實現。後來他開始從事媒體方面的工作，因此而接觸到醫學和政治等各式工作的內容。同時他也依然持續追隨著上帝，希望能夠求得真理。除了基督教的教義之外，他也針對其他各種思想進行學習研討，例如佛教等東洋智慧，以至於被稱為新時代的最新思潮。另一方面，他的私生活則是經歷了多次離婚，甚至曾經度過無家可歸的流浪漢生活。如此波瀾萬丈的日子一天天地過去，到最後終於所有事情都變得不順利到了極點，他的人生就此變得支離破碎。然而在一九九二年春天，也就是在他人生最低潮的時候，發生了一件令人大吃一驚的事。

他從以前就有把心裡想的事寫成信件的習慣，這一次他也為了一吐心中的怨氣而拿出紙筆，開始向上帝抱怨自己的不滿。這封信後來變成了一封充滿激烈的謾罵、混亂而偏執的信。除此之外，信裡也寫了好幾個充滿憤怒的質問，例如：為什麼自己的人生會過得如此不順遂？想要過得順遂究竟需要什麼條件？為什麼沒有辦法與人締造幸福的人際關係？為什麼自己長久以來始終處於貧困的窘境？最後他還寫了：為什麼一定要這樣子折騰、我到底做了什麼、我明明一點錯也沒有……之類的話。

在尼爾寫完了這些得不到答案的問題，準備把筆放下的時候，他的手彷彿被某種看不見的力量壓住似地一直放在紙上。接下來他手上的筆便驚人地自己動了起來，開始自動書寫。是上帝在反問他：「你真的想要知道這些問題的答案嗎？還是只是在洩憤遷怒而已？」就這樣，尼爾開始了自己和上帝在紙張上的對話。

就在他準備好的時候，上帝出現在他的人生當中。他開始「與神對話」，了解到「自己的人生都是為了現在這一刻」。他也知道了至今遇上的所有困境與苦痛其實都不是無意義的，全部都是為了「現在」的準備與學習的過程，而且自己應該要對過去出現在自己人生當中的人們心懷感謝之意。

這個自動書寫動作持續了三年。剛開始的時候，他還無法理解到底發生了什麼事，因為他不敢相信渺小如己的人竟然可以和上帝對話。不過，在尼爾注意到上帝的回答其實並不是針對自己而來的時候，他便於一九九五年經由美國的小型出版社出版了《與神對話》一書。爾後由於本書的迴響之大，於是在一九九六年時有大型出版社買下版權，重新再出版。

這本書其實就是所謂的靈通書。在過去的美國，常有一些能夠接收高次元存在所發出的訊息的靈通者，將自己接收到的訊息編寫成書，例如Bashar、Ecton、Lazaris等人在日本也都相當有名。《與神對話》的特色，就是書中的上帝給人一種非常親切的感覺，還有討論的話題相當多元，而且特別著重於人生當中會碰上的實際問題，同時本書當然也清楚地告訴了我們一定要知道的宇宙真理。

日本是在一九九七年時出版了吉田利子翻譯版，當時成為超級暢銷書。之後還連續在一九九八年出版了《與神對話II》、一九九九年出版了《與神對話III》【譯註12】等續集。書中是以作者提出問題，然後由上帝回答的簡單形式寫成。像是遙遙呼應沃許先生的活躍似地，日本國內也有許多支持者積極舉辦各式活動，例如組成讀書會。作為靈性世界的入門，以及讓讀者更加深入學習的書來說，《與神對話》系列一定能夠發揮絕大的效果。

當這本書開始在美國受到矚目的時候，我前往了科羅拉多州圓石市

（Boulder）。距離圓石市一個小時車程左右的洛磯山腳下，有一間非常有名的瑜珈中心。經過朋友的介紹之下，我在那裡待了一陣子。當時一起待在那的年輕男性帶著一本白色的美麗書本，那本書就是《與神對話》。他告訴我：「這是一本很棒的書喔！請你有機會一定要讀讀看。」

在那個時候，我根本就沒想過這本書會在日本成為如此驚人的暢銷書。

沃許先生曾經來過日本好幾次，我們也參加了他的演講會三次左右。他總是誠心誠意地回答讀者的問題，渾身散發出溫暖以及無法掩蓋的愛，讓人覺得他真的是一個很了不起的人。

《與神對話》告訴現今社會的我們非常重要的訊息。除了第一部作品《與神對話》之外，沃許先生還有很多其他的著作，請隨意挑選自己感興趣的書來看看吧！在此對寫出這本書的尼爾・唐納・沃許，以及翻譯者吉田利子小姐獻上深深的感謝之意。

【譯註12】《與神對話II》、《與神對話III》：方智出版。

一念之轉

Loving What Is: Four Questions That Can Change Your Life

中文版
拜倫・凱蒂、史蒂芬・米切爾／奇蹟資訊
2007 年 6 月初版
英文版
Byron Katie、Stephen Mitchell ／ Harmony
2002 年初版

在美國加州海岸，有一個名叫依沙蘭學院（Esalen Institute）的地方。

這是一個正好面向太平洋，美麗非凡的地方。百花怒放，群蝶飛舞；海鳥優雅地排列隊形，鯨魚噴水，海豚嬉戲；火紅的夕陽沉沒在太平洋之上，溫泉也很不錯，簡直就像是天國一樣。半個世紀以來，這裡時時刻刻都在進行關於人類所擁有的可能性的研究和講座。自從我在二〇〇〇年第一次造訪依沙蘭學院之後，每年我都會待在這裡一至二個月。我完全無法否定在依沙蘭學院的每一場邂逅與學習確實都為我的人生帶來巨大的正向影響。

我在依沙蘭學院時參與過許多工作坊，拜倫．凱蒂的「The Work」也是其中之一。當時完全不知道講述內容會是什麼，但我還是出席了那場講座。講師是一位名叫拜倫．凱蒂的女性。在講座期間，接二連三地和不同的人進行討論的凱蒂著實讓我大吃一驚。她看穿他人本質的眼光之精準，以及不管發生什麼事都能接受的宏偉氣量，還有溫和的存在感，讓人覺得她真是一個了不起的人。凱蒂的為人相當幽默，「The Work」的現場總是洋溢著笑聲。光是看著凱蒂和其他出席者進行討論的樣子，我就覺得自己知道了所謂的問題都是人類自己製造出來的。我們可以清楚看見我們內心出現混亂的原因並不是因為現實生活當中發生的事情，而是因為自己對於這些發生的事所抱持的想法。要是能夠發現這個道理，你的人生就會徹底改變。就我的親身經歷來說，這實在是一個了不起的工作坊。

人生當中的煩惱是由自己的心（左腦）創造出來的。只要發現這一點，就能「從苦惱當中解脫」、「迎接苦難的終結」，而本書的中心主旨也正是「苦難的終結」。

許多知名作家都對拜倫．凱蒂的工作坊讚譽有加，例如《當下的力量：找回每時每刻的自己》（於211頁介紹）的作者艾克哈特．托勒說：「拜倫．凱蒂的工作坊是地球的一大福音」；偉恩．戴爾（Wayne Dyer）博士也說：「拜倫．凱蒂是這個時代真正的偉人，同時也是給予我們靈感的指導者之一」。至於我們會挑選出這本書的原因，也是希望這個工作坊的精神能在日本更加風行廣布的關係。

本書的原書名為《*Loving What Is*》（愛其本色）。書中所寫的「The Work」其實是在告訴你如何發現壓力和痛苦的思緒來源，再針對這些思緒提問，最後解決問題。因為讓我們的內心出現混亂的原因其實並非來自於現實生活上發生的事，而是出自於自己對這件事的想法。這時我們可以透過詢問自己四個問題，來找出真正的答案：

1.「那是真的嗎？」
2.「你能肯定那是真的嗎？」
3.「當你持有那個想法時，你會如何反應？」
4.「沒有那個想法，你會是怎麼樣的人呢？」

這個方法主要是為了讓你發現自己的想法，而不需要改變那個想法。此方法告訴我們，幸福其實是來自於和自己的想法相悖之處。當你覺得「別人應該要體諒我」的時候，「我應該要體諒他人和自己」才是真正的答案。

我們要做的並不是去制裁他人。如果能夠發現自己應做的事，你就一定可以找到讓自己活得更幸福的處方箋。

除此之外，此方法也告訴我們應該對自己負起多大的責任，還有我們應該讓自己變得多麼自由。所謂滿足感並非向外求，而是要在自己的內心裡逐一找尋。

我們無法改變他人，但是只要你改變自己，他人也會隨之改變。改變世界的起點是始於你開始改變自己。你無須因為自己嘗試改變無法撼動的現實而備感壓力，而是透過改變自己進而改變這個世界。世上被稱為大師（Master）的人們全都深諳此理。

我們推薦的這三十本書，每一本都運用了不同的形式來傳達這個道理。換言之，這就是宇宙的真理。

讓我們聽聽你內心批評他人的聲音吧。如果你的心聲說：「他應該要把房間打掃得更乾淨一點」，那麼只要調換立場說：「我應該要把房間打掃得更乾淨一點」，然後遵行實踐即可，接下來就一直掃除到你對打掃這件事產生愛意為止。然而實際上真正需要打掃的地方僅有一處，那就是你自己的大腦。直到我們找出自己內心當中的和平，否則這個世界上沒有和平存在。

我對凱蒂的想法產生共鳴的地方如下。當初促使我開始翻譯靈性世界書籍的機緣原本就很多，而參與「發現講座」就是其中一個重要轉捩點。當我體驗「四句話改變你的人生」時，我衷心覺得這個道理就和「發現講座」一模一樣。因為我也在那個講座當中學到了問題其實存在於自己的內心當中，是自己製造出問題等真理。自己人生當中的一切都是自己吸引而來的，並不是其他任何人的錯，而改變人生的重要關鍵就在於有沒有注意到這一點。此外，若能發現「不能百分之百相信自己的左腦」、「這可能只是自己一廂情願」的話，說不定也能成為改變人生的絕佳契機。這是一本最能表達「接受原原本本的現實並且愛上它，來使人生轉向好的方向」的書，請一定要讀讀看。

「Work」是誕生在一九八六年二月的某個早上，當時四十三歲的拜倫‧

凱蒂正從南加州沙漠小鎮的療養院裡醒過來。她結過兩次婚，育有三個小孩，是相當活躍的事業女強人。但是那個時候的她已有十年以上的時間一直苦於憤怒、妄想與絕望的情緒當中，而且還持續了嚴重的憂鬱狀態長達二十年之久。因此她鮮少外出，持續躺在床上好幾個星期，工作就在寢室裡用電話解決，甚至連刷牙洗臉等基本生活起居都沒辦法好好打理。孩子們也不敢驚動母親，走過她的房間時總是會踮起腳尖。到最後她被送去療養院隔離，關進了閣樓的小房間裡。

某天早上她醒過來時，發現「自己」這個想法突然完全消失，唯有「原原本本地接受一切」的自己存在。後來她為了讓其他的人們也能變得和「原原本本地接受一切」的自己一樣，於是便開發了這個講座。

這本書祈求大家都能發現自己「對於小我的一廂情願」。除了書本之外亦有開設工作坊和座談會，日本能夠接受這樣的作法實在令人相當感動。當你無法找到自己內心當中的和平時，請務必讀讀這本書，試試這個作法吧！

當下的力量

The Power of Now:

A Guide to Spiritual Enlightenment

中文版

艾克哈特・托勒／橡實文化

2008 年 11月初版

英文版

Eckhart Tolle ／ New World Library

1999 年 9月初版

本書的作者艾克哈特・托勒是我最喜歡的靈性導師。不只是我，全世界當中都有他的支持者。他相貌樸實，英文的說話方式相當和緩而容易理解，聲音富有磁性。現在在 YouTube 上也有介紹他的數場演講，請務必親眼看看他。說到艾克哈特・托勒，其實早在日文版翻譯出版之前，他就以英文版《當下的力量》的作者身分聞名全世界了。這本書是全球熱賣的暢銷書，我也曾在之前造訪美國的時候買下來翻閱過。不久之後日文版順利出版，但是令我驚訝的是日文版書名竟然定成了「開悟使人生變得更單純有趣」。儘管我認為用日文片假名直接寫出「*The Power of Now*」應該更為有力也更有國際觀，但是一切事物的結果應該都是應其然而使其然吧。開悟的確能讓人生變得更加單純而有趣，因此書名的確表現了真理，而且這本書也毫無疑問的是「開悟之書」。

艾克哈特・托勒是在德國出生，而且他在十三歲之前一直待在德國。後來他前往英國，從倫敦大學畢業之後成為劍橋大學的研究員與指導教授。他在二十九歲那一年經歷了靈性方面的體驗，此後他花了好幾年的研究時間來理解、深入當時的體驗，將之統合為一種知識，並開始走向探索靈魂之路。一九九六年後他定居於加拿大溫哥華；一九九九年發表了《當下的力量》，成為世界知名的作家。

本書是以一問一答的方式寫成，非常簡單易讀，是所有想要學習靈性相關事物的人必讀的一本書。

光從他的個人精力來看，其實就可以知道他是一個非常聰明的人。他的左腦無時無刻都在運作，左腦支配了他的人生，而這也因而使他長期苦於永無止境的不安與焦急。

他在書中如此描述當時發生的靈性體驗：

在我三十歲之前，我一直生活在一種焦慮不安的狀態中，情緒低落，不時萌生尋死的念頭。如今談及過往，恍如隔世，就像前世或發生在他人身上的事情。

二十九歲生日過後不久，一個深夜，我自夢中驚醒，內心無限恐懼。

我已多次有過這樣的感覺，卻沒有任何一次像那個晚上如此強烈。夜間的寂靜、黑暗房間裡模糊的家具輪廓、遠處傳來的火車隆隆聲響！這一切都是如此陌生、充滿敵意又毫無意義，讓我對世界升起一種深深的憎惡感。然而，最讓我憎惡的卻是自己。當時我想，何苦要背負這種可憐人生繼續活下去？何苦繼續掙扎？我感受到自己極度渴望從世界消失，強烈的程度遠超過我的求生本能。

「我無法再跟自己活在一起了。」我的內心反覆浮現這樣的想法，突然間，我意識到這個想法似乎哪裡不大對勁。「我是一個人還是兩個人？」我心想：「如果我無法再跟自己活在一起，那不表示我是兩個人，一個是『我』，一個是我不再想與之活在一起的『自己』。」我繼而又想：「它們之中說不定只有一個是真的。」

這個奇特的領悟讓我極為錯愕以致我的思維戛然而止。我的意識無比清晰，但就是沒有任何念頭生起。接著，我感覺自己被吸入一個能量漩渦當中。一開始漩渦轉動得很慢，但逐漸加快。我被強烈的恐懼攫住，身體開始發抖。我聽見一個像是發自胸膛的聲音說：「別抗拒。」我感覺自己被吸入虛空，但這虛空是在我身體裡面，而非外在。突然間，我不再恐懼，任由自己捲入那虛空之中。之後發生什麼事，我不復記憶。

我是被窗外小鳥的啁啾聲叫醒的，那是種彷彿從未聽過的聲音。當時我的雙眼還緊閉著，卻看見了一顆珍貴鑽石的影像。對，我心想，如果鑽石能發出聲音，那一定就是我聽到的那種聲音。我張開眼睛，第一道晨曦穿過了窗簾照射進來。我沒有思考，但就是知道，光所涵蓋的層面遠比我們所知的龐大許多許多。那道透過窗簾照射進來的柔和光線，就是「愛」的本身。我淚水盈滿眼眶，站起身來，在房間裡來回踱步。這是我熟悉的房間，但此時我卻知道，我從未真正看見過它。每樣東西都如此清新質樸，像是來自太古初開。我撿起一枝鉛筆、一個空瓶和一些其他東西，對於它們的美麗與鮮明讚嘆不已。

那一天接下來，我出門到街上四處走動，對於眼前所見的每件事物都嘖嘖稱奇，彷彿我才剛誕生於人世，一切都如此新鮮奇妙。

以上是從書本當中直接引用，而所謂「開悟」的確大多伴隨著類似的神祕體驗，此外在自己已經退無可退、真的無計可施的時候，這種體驗尤其容易出現。在我們介紹的三十本書當中以《心靈之舞》為首，《聖境預言書》、《最後的障壁》、《與神對話》等書全都描述了同樣的神祕體驗。艾克哈特．托勒也是在經過類似體驗之後改變了人生。後來他深入探索這個神祕體驗究竟為何，了解到「能夠活在當下就是開悟」之理，於是才完成了這本《當下的力量》。

我們可以從他的體驗當中得知，人類之所以會產生煩惱是因為左腦掌握了主導權。左腦負責思考，換言之即是所謂的「小我」，思考並不是「本我」。此外針對人類為什麼難以開悟這一點，托勒認為「那是因為你總是在外部尋找，而沒有發現真正的寶物其實是在自己內心之中」。真正重要的東西並非小我，而是找到「本我」。

所謂本我，是了解自己和偉大的本體合而為一（oneness），並且維持住這個狀態。簡單來說就是自己渴求的事物就在自己內心之中，而它一直都希望能夠被你發現。為此，我們必須停止逃避過去和未來，只要活在當下即可。而這就是「The Power of Now」、所謂「當下的力量」。至於應該怎麼做才能活在當下？本書當中亦有提出解答。書中寫道「當下這一刻所擁有的愛、喜悅與和平，全都屬於你」、「開悟即為受苦的終結（the end of suffering）」。希望各位一定要閱讀本書，找到自己的「本我」。

能夠以日文閱讀如此精采的書，我們真的太幸福了。對於寫出如此精采書本的艾克哈特．托勒，以及將之翻譯成精準日文的淺利道子小姐，在此獻上深深的謝意。

荷歐波諾波諾的幸福奇蹟

みんなが幸せになるホ・オポノポノ

中文版

伊賀列阿卡拉・修・藍博士（Ihaleakala Hew Len, PhD.）

櫻庭雅文（訪談撰稿）

方智出版社

2012 年 2 月初版

日文版

イハレアカラ・ヒューレン、櫻庭雅文／德間書店

2008 年 9 月初版

本書是敘述單憑反覆念誦「謝謝你」、「對不起」、「原諒我」、「我愛你」就可以引發奇蹟的一本書。聽起來雖然有點難以置信，但還是要請你試著看看這本書，並且每天在心中念誦這四句話。就算你不相信會出現奇蹟，就算你根本沒有用心在念，只要機械性的念誦其實就夠了。作法相當簡單對吧？而且這也不是那種保證有效的厲害魔法或祕法，而可說是現今社會的我們最為需要的一種淨化方法。

最近幾年，荷歐波諾波諾受到日本國內越來越多的人們歡迎。這個淨化方法就是藉由透過念誦「謝謝你」、「對不起」、「原諒我」、「我愛你」這四句話，消除累積在我們潛意識當中的記憶。如此一來我們就可以回到原本透明的狀態，成為光之存在。這個方法是由夏威夷的伊賀列阿卡拉·修·藍博士傳到日本來的。他寫過數本關於荷歐波諾波諾的書，每一本都是佳作。不過當時在博士的演講會上我曾經請他在這一本書上簽名，因此特地挑出來介紹。

本書中介紹的荷歐波諾波諾指的是「荷歐波諾波諾大我意識法」。所謂荷歐波諾波諾是一種夏威夷古老技法，作法是在問題發生時將大家聚集起來一同討論，然後找出最適當的解決方式。據說現在這種古老形式的荷歐波諾波諾仍然存在，不過由於每個人的意見都不同，所以這個作法經常沒有辦法順利進行。而修藍博士的老師——莫兒娜・納拉瑪庫・西蒙那（Morrnah Nalamaku Simeona）（一九一三～一九九二）靈光一閃，開發了由自己清理自己的潛意識來解決問題的嶄新方法，這個方法就是「自我認知荷歐波諾波諾」。現在這個手法已經由修藍博士介紹至世界各地。

舉凡懷抱諸多煩惱與不幸，或是在經濟方面不甚優渥等狀況，據說都是因為過去的記憶存在於意識之中，而這些記憶正在支配你的人生的關係。如果能夠把這些存在於潛意識當中的過去記憶清理乾淨，你的潛意識就會獲得淨化而變得澄澈透明，如此就不會被過去的記憶所迷惑，因而能與神聖的大智慧（神）連結在一起。之後你就可以開始接收天啟，以人類原本的生存方式生活。也就是說，你可以恢復成真正的自己。不管是發生在自己的內在或是外在的事，其發生原因百分之百都是因為自己潛意識當中的記憶。向那些記憶說聲「謝謝你」以表示感謝；說「我愛你」以餽贈愛意；說「對不起」、「原諒我」以乞求原諒，如此一來就可以讓那些記憶消失。

更甚者，因為世上所有的一切都是一體的，所以只要淨化自己，世界就會逐漸改變。如果你想要改變世界，那麼只要改變自己即可。每一個對靈性世界感興趣的人應該都曾在各種場合聽過這句話，荷歐波諾波諾也是其中之一。而且最難能可貴的是，它教導我們改變自己的方法其實非常簡單，人人皆可行。

根據修藍博士的說法，當你誦唱這四句話時，其實不只可以清理自己的潛意識，連其他人的潛意識和所在場所都可以一起淨化。博士認為不管是在什麼時候，只要誦唱這四句話，就能隨時將他人、場所，甚至動物持續淨化。感覺上相當類似靈氣或再連結（reconnection）的遠距離療癒。

修藍博士在一九六二年畢業於科羅拉多大學，接著又在猶他大學取得碩士學位、在愛荷華大學取得心理學教育的博士學位，後來在專門培養心理學家和教育學者的大學擔任校長，同時也負責智能障礙等特殊孩童們的教育與照顧。一九七六年，他從愛荷華州搬到夏威夷，擔任精神障礙兒童專門學校的校長。後來在一九八二年，也就是他四十一歲的那一年，他見到了自我認知荷歐波諾波諾的創始人——莫兒娜。據說當時他參加她的講座，聽到她說「所有事情的原因都在你自己身上」的時候還不太了解那是什麼意思。不過，在跟著莫兒娜學習的期間，他才發現這句話的確是真的，理解荷歐波諾波諾其實是為了讓人類回到原有狀態的最根本而且最基礎的方法。書中也有提到：「我和莫兒娜現在在做的事情其實並沒有特別創新。從人類與上帝分離並誕生於世開始，以佛陀為首的諸位聖人們就一直在做著同樣的事」。

之後，他就在精神疾病犯罪者的收容機構裡工作。他只在那裡做了一件事，那就是一邊看著收容在自己負責的房間裡的病患名單，一邊整天反覆誦唱荷歐波諾波諾的四句話。結果，原本一直相當暴力、症狀十分嚴重的患者們開始慢慢恢復冷靜。相信這應該可以視為荷歐波諾波諾能在現實社會上發揮極大功效的珍貴案例吧。

我們其實是在相當後期才真的知道荷歐波諾波諾。某天，有一位讀者對我們說：「比起水，我更希望能把這個藍色瓶子送給兩位」，然後就送了我們一個裝著礦泉水的美麗藍色瓶子。說來慚愧，當時的我根本不知道她的話到底是什麼意思。就連修藍博士的藍色太陽水，還有修藍博士曾經多次造訪日本，並在日本擁有廣大支持者這些事情，我也完全不知道。

就在這時，我們聽說修藍博士即將在日本舉辦演講，所以我們立刻從東京飛到岡山。修藍博士是非常普通的人，他頭戴棒球帽的模樣，總覺得跟某些人相當神似，不過他同時也是散發著安穩能量、感覺非常舒服的一個人。博士總是面帶幸福的微笑，光是站在他身邊，我們似乎也變得幸福起來了。事實上，在修藍博士抵達這個會場前，他似乎一直在為會場、還有參與演說的我們和主辦單位負責人員、甚至為岡山這整座城市進行淨化。

從此之後，我們便一直實行著荷歐波諾波諾的四句話「我愛你」、「謝謝你」、「對不起」、「原諒我」，並把這個道理告訴其他所有人。因為任何人都可以反覆唱誦這四句話。為什麼要反覆唱誦？這麼做的目的是什麼？這四句話的背後其實隱藏著宇宙奧妙無邊的真理。儘管你現在無法理解這麼做到底代表什麼，但是當你覆誦這四句話的時候，你的內心自然會平靜下來，與神的聯繫也會變得更加緊密，人生當中的問題也會因此開始朝向解決的方向前進。

截至目前為止我們參加過許多講座，花了一番功夫好不容易才挖掘出自己的過去，試圖將自己的潛意識清理乾淨，而如今這個無比簡單的方法正在逐漸風行，實在令人高興不已。想必是因為現在這個時代需要這樣的方法吧。不管是哪一本書都好，請務必閱讀荷歐波諾波諾的相關書籍，從那四句話開始學習並實踐各種淨化的方法吧！

我們還在修藍博士的演講會上遇見了翻譯出版《零極限之富在工作》（伊賀列阿卡拉・修・藍著，日本 SOFTBANK Creative 出版，台灣方智出版）的河合政實先生。也請將此書一併列入參考吧！

福至心靈

You Can Have It All

中文版
阿諾德・帕提特／大村文化出版
1998年初版（已絕版）
英文版
Arnold M. Patent ／Pocket
1997年1月初版

在我讀過的書籍當中，這本書肯定是為數眾多的靈性世界書籍當中「最棒的一本」。

著名脫口秀的主持人——歐普拉．溫芙蕾（Oprah Winfrey）曾說：「這是至今我讀過的所有書當中最重要的一本」；傑拉德．詹保斯基（Gerald G. Jampolsky）也說：「驚人地簡單實用，而且強而有力。本書可以幫你把態度從『缺乏』改變成『豐富』」。

事實上對我來說，這本書與其說是最棒的導引書，還不如說是將自己目前學到的、體驗到的所有事物，完完整整地統整在一起的一本書。那麼，作者阿諾德．帕提特到底是什麼人？我從一些前往拜訪他的日本人的故事當中得知他住在加州，我也希望自己能在某一天前往加州時過去拜訪他。我就是這麼喜歡他的書。而譯者淺利道子小姐是翻譯日文版《當下的力量》的優秀譯者，我也認為這本書的翻譯本非常淺顯好讀。

阿諾德．帕提特為了讓自己提倡的「萬能法則」能夠普及全球而獻出了自己的人生。他為自己長久以來的律師、企業家經歷畫下休止符，再把所有事業的重心轉向演說及論述。他設立了「International Support Group Network」使之實踐「萬能法則」。除了致力於演講和寫作之外，他還參與了許多電視節目和廣播節目，努力將「萬能法則」推廣到世界各地。在他的指導之下，有高達數百萬人發出「我的人生變得更加豐饒、充實」的感動之聲。

以上內容是從作者簡介直接擷取下來的。能讓數百萬人發出感動之聲，這實在是非常厲害呢！實際上我也是其中之一。書中所寫的內容和我的想法完全一樣，讓我相信自己沒錯，讓我相信自己在靈性之路上的確是朝著好的方向前進。

這裡還有另一個人所寫的推薦文——《和平戰士的旅程》的作者丹·米爾曼這麼說：「阿諾德·帕提特提倡的『萬能法則』是永世不滅的『不朽智慧』。不只如此，這個祕訣也告訴我們如何使用每一項原則，來讓我們度過有意義的人生。書中所寫的各種新穎訊息緊緊抓住了讀者的心。阿諾德·帕提特就是心地善良的『現代賢者』」。

我希望大家一定要擁有這本書、一定要反覆地仔細閱讀。就算仍有無法了解的地方，幾個月之後，你一定可以為逐漸了解內容的自己感到自豪。它就是這樣的一本書。

這本書以「讓我們取得通往幸福的車票『萬能法則』吧」作為開頭第一句話。

接下來的內容是「如果可以度過自己理想人生的話——如果可以度過幸福人生的話——相信任何一個活在世上的人，都不會不這麼想。我可以大膽告訴各位，請睜開雙眼好好閱讀這本書。不管是度過自己理想的人生，或是度過幸福的人生，一切都不再只是夢想。

所有人類都是為了獲得幸福而誕生的。應該說，所謂不幸福的人生根本就是胡說八道」。

如果上述屬實，有些不希望自己變得幸福的人，其實可能只是內心在鬧彆扭而已。而那些認為自己不幸福的人，其實都過著虛假的人生，換言之就是他們的想法都在某處出了差錯。

現今日本國內有數十萬名憂鬱症病患，每年的自殺人數也高達三萬人左右，可見認為自己非常不幸的人實在難以計數。我由衷希望所有人都能學習「萬能法則」來讓自己變得更幸福。

書中舉出的每一項法則都是千真萬確。接下來我們將列舉這二十一條「萬能法則」，請仔細閱讀並牢記在心。

1. 創造宇宙的原料是能量。
2. 宇宙的能量就是「愛」。
3. 萬事萬物即為一，合而為一（oneness）。
4. 宇宙是完美的，人類也是完美的。
5. 發生在自己身上的事情，全部都是自己造成的。
6. 人類有「選擇的自由」。
7. 人類的思想與信念全部都只是「一廂情願」。
8. 宇宙的智慧會告訴我們「靈感（inspiration）」與「頓悟」。
9. 宇宙之間自有「互助」系統。

10. 任何已經發生的事都是映照出自己的鏡子。
11. 「好」、「壞」、「正確」、「錯誤」皆不存在。
12. 每一個人類都有自己的「人生目的」。
13. 心情就是了解自身狀態的指標。
14. 宇宙會毫不吝惜地給予。
15. 「施」與「受」之間永遠保持平衡。
16. 如果你執著於特定事物，那麼一切都會停滯不前。
17. 如果你將意識集中於特定事物，那麼它就會漸漸擴張發展。
18. 每一個人都有其天賦才能。
19. 目的和手段都是一樣的。換言之，如果你的目的是創造和平，那麼手段就是以內心感受和平，表現和平。
20. 人際關係其實就是「自己」和「自己內心」的關係。
21. 麻煩的事情只要交給宇宙就好。

以上二十一點就是「萬能法則」，這是多麼了不起的大智慧啊！

這本書告訴我們非常重要的真理，那就是在完美的宇宙當中，我們每一個人都是不可或缺的重要角色。

我們每個人都可以自己選擇自己的人生。實際上創造出自己人生的人並不是別人，而正是我們自己。只要能夠理解這個道理，你就能找到一個堅定不移的目標，那就是珍惜自己、喜愛自己、尊敬自己。這本強而有力的書對我來說就像是寶藏一樣。其中讓我感觸最深的一項法則就是「萬能法則19」——「目的和手段都是一樣的」。

如果渴望和平的話，就讓自己的內心保持和平，並且隨時表現於外。

如果想要無條件的愛與支持，那麼就在內心當中抱持著愛與支持，並在每一分每一秒之中，對所有的人、事、物展現你的愛與支持；如果你希望自己的人生百分之百完美無缺，那麼不管何時何地，你都要在所有的人事物當中找出它們的完美之處，並且感受它們的完美，而這些人事物當然也包括你自己。若能知道現在的自己就是最完美的存在，相信對任何人來說都是一種安慰。我希望日本國內也能有越來越多人閱讀這本書，讓自己變得更幸福、生活變得更和平。我要在此向寫出這本好書的阿諾德・帕提特，還有將這本書翻譯成完美日文的淺利道子小姐，致上由衷的謝意。

天使走過人間

The Wheel of Life

中文版

伊莉沙白・庫伯勒・羅斯／天下文化書坊

2009年4月二版

英文版

Elisabeth Küber-Ross ／ Bantam Books Ltd

1997年初版

這本書是伊莉沙白・庫伯勒・羅斯的自傳。她是精神科醫生，同時也是臨終照護（terminal care）和死亡科學的先驅。她的著作《*On Death and Dying*》（論死亡與臨終）描寫人透過親眼目睹眾多死亡，並與末期病患彼此交心的體驗，進而接納死亡，是一本風行全世界的長銷書。當然，日本國內也仍然將這本書視為經典巨作，受到許多人喜愛與支持。

儘管作者在這本《天使走過人間》的第一頁當中寫道「這是我這輩子寫的最後一本書」，可是在這本書之後，她還是寫了好幾部作品。然而我真的非常感謝她留下了這本自傳。從她誕生的那一刻開始，聳立在她面前的牆壁越高、越厚，就越能點燃她的鬥志。她一邊喜悅地顫抖一邊跨越苦難的人生，真的讓人無比敬佩。她才是真正實現夢想的專家啊！

無論如何，還沒有閱讀過這本書的人，請你們一定要讀讀看，這是一本非常有趣的書。因為這是作者的自傳，所以可以開開心心地讀完它。我現在為了寫下這篇文章而重新拿起來翻閱，發現自己實在很難中途放下書本，只能跟著她一起接二連三地了解自己的使命、邁向冒險、開拓嶄新的領域。

她誕生於瑞士，是一對充滿慈愛的夫妻的三胞胎女兒之一。三人總是穿著同樣的衣服，擁有同樣的東西，她們相似到就連親生母親也分辨不出來，因此童年時期的她花了所有的時間，試圖了解「自己到底是誰」。同時她也覺得自己必須要付出十倍的努力，來展示自己擁有十倍的生存價值。這個想法給了她往後的人生當中所必需的勇氣與決斷能力。

她在小時候就決定自己將來要成為醫生，不過，掌握絕對權力的父親卻不允許她實現夢想。即便如此，她還是一點一滴地爭取到自己想要的，也就是在醫院裡工作。她在醫院與病患見面，在第二次世界大戰結束後立刻前往義大利和波蘭進行志工工作。透過這些工作，她在病人身上學到，真正的治療其實是彼此用心對談。

後來，她終於進入醫學大學取得醫師資格，並和她此生的摯愛——曼尼結婚，婚後一同前往美國。

接觸「死亡瞬間」的工作以及她的實際生活，都開始為她帶來各式各樣的體驗。與患者進行交流之後，她逐漸學到患者真正渴望的是和醫生之間的心靈聯繫；比起藥物，愛與關懷更能治癒病患；還有不管什麼樣的病人心中都有求生的力量等道理。另外，她瀕死的妹夫打電話到她工作的地方對她說：「我想見妳」，而她卻因為分身乏術的關係回答他：「我明天就回去」，最後她的妹夫在隔天早上過世。這個經驗讓她學習到回應將死之人的要求的重要性。後來，當她知道自己的父親將不久於人世的時候，她立刻丟下了自己在美國的工作，飛奔到父親的身邊，並一直待在家裡照顧父親，直到他死去。

她的愛從不止歇。為了這些患者、特別是為了被其他人放棄的患者，她總是全神貫注地面對他們，窮盡自己的所有心力，只為了讓這些人能夠過得稍微幸福一點。

她做的每一件事情都不是普通人有辦法做到的事。想必是神賜給了她異於常人的勇氣、決心和體力吧。出生時體重僅有九〇〇公克的小女娃，竟然能夠成就如此驚人的偉業！這實在讓人深深感動於人類所擁有的力量。

不過，若要深究這份力量的來源，我認為應該是因為她經常和神保持連結。她在人生當中的每一個重要時刻都清楚知道自己想要做什麼，以及應該做什麼。這是因為她時時都和神保持連結，並從神那裡取得能源、力量、堅強的意志、決斷力，還有體力。

她在這本書的最後一頁當中如此寫道：

「人類來自同一根源，回到同一根源。

我們都必須學習如何愛別人和被愛，毫無條件地。

一生中，你經歷過無數苦難，作過無數噩夢。你把這些苦難看成上帝的懲罰，然而，事實上它是上帝賜予你的機遇。它讓你成長，而成長是人生的唯一目標。

治療這個世界之前，你得先治好自己。

只要你做好準備，毫無畏懼，這種經驗就會降臨在你身上。」

「死亡只是一個過渡——從這一世過渡到一個沒有病痛、沒有煩惱的世界。

只要有愛，人生的一切都變得可以忍受。

……世間唯一永恆的東西就是『愛』。」

她從出生那一刻起便知道這個道理，而且她還日日實踐不懈，藉此度過了更有深度的人生。晚年，她經歷了好幾次中風，過著相當辛苦的生活。在此之前，她最擅長的事情就是散播她的愛，並由此獲得無邊的喜悅。因此大家都認為，正是因為晚年的她需要學習接受他人的愛，所以才會變成那般模樣。

另外還有一點，她的堅強有時會引起各式各樣的社會問題，就連我也忍不住想著，何必做到這種程度。不過這應該也是為了讓社會出現巨大的變革，所以她才不得不背起這樣的責任吧。走在其他人的一步之前披荊斬棘，她可能一直都在體會開拓者的苦難也說不定，而社會也往往在這種人的推動之下開始出現變化。

閱讀這本書，讓我徹底折服於庫伯勒．羅斯這位偉大女性之下。因為她有著不知恐懼為何的行動力和清晰無比的知性、永無止境的愛、還有自然而然接受靈性之事的豐饒內心。

對於這本書，我覺得除了「總之先讀讀看」之外，再也沒有其他講解的必要。我真的非常感謝她能夠留下這樣的自傳。而且上野圭一先生的精彩翻譯也非常流暢而容易閱讀，讓人覺得庫伯勒．羅斯的呼吸彷彿近在耳邊。

庫伯勒．羅斯的晚年是在美國的亞利桑納州度過，二〇〇四年辭世。她曾因改變死亡概念還有改革臨終醫療而聞名於世。但是看完這本書之後，你就會知道她同時也是一個無人能及的罕見靈性之人，她親自學習並教導現在的我們都應該知道的事情，例如愛的重要性、死亡並不存在，還有人類是自己選擇自己的人生而誕生於世的。請容我再說一次，希望所有還沒有看過的人，一定要讀讀看這本書。

一個新世界

A New Earth: Awakening to Your Life's Purpose

中文版
艾克哈特・托勒／方智出版社
2008 年 7 月初版
英文版
Eckhart Tolle／Dutton Books
2005 年 10 月初版

我認為艾克哈特．托勒是一個不屬於任何特定宗教或傳統教義的現代靈性指導者的最右翼份子之一。他寫了《當下的力量》、《當下的覺醒》【譯註13】、《一個新世界》等精彩非凡的作品，此外他也開設了各種講座，具體指導我們如何脫離苦難獲得平靜。

有許多人始終深信小我（Ego）就是自我，如此結束一生。

事實上，大多數的人都認為小我就是自我，而且做夢都不曾想過除了小我之外還有一個「本我」存在。這本書對於幫助人們注意到小我並發現「本我」存在來說，實在是無可比擬的好書。當發現「本我」的人——也就是覺醒的人逐漸增加時，就是世界開始改變之日。

同時，現在也是那些已經做好準備的人開始出現改變的時代。

《一個新世界》是我認為最為精彩的愛書之一。英文標題《*A New Earth*》是出自聖經的啟示錄與以賽亞書當中的話，同時書中也引用了許多聖經的內容。

作者艾克哈特．托勒原本是德國人，後來在英國接受教育，完成了《當下的力量》震撼全球，後來他又出版了另一部作品《當下的覺醒》。不管哪一本書都是世界暢銷書，不過現在介紹的《一個新世界》在全世界擁有高達八百萬本的銷量，正可謂全世界的人都引頸期盼的一本書。我至今還沒見過任何一本書能像這本書一樣簡單有條理地論述人類和宇宙。這本書能夠成為世界暢銷書，說不定就是這個世界上覺醒的同伴，還有逐漸覺醒的人們正在增加的最佳證據。會有這麼多人理解這本書，並對書中內容持有同感，也是因為「New Earth」即將到來的關係吧。我由衷希望有更多日本人閱讀這本書。

關於本書的目的，艾克哈特・托勒做出了如下敘述。

「本書的主要目的，不是為你的心智再增加一些新的資訊或信念，或是試圖說服你相信什麼，它是為了要帶來意識的轉變，也就是：覺醒。就這點來說，這本書並不『有趣』。這本書是關於你的。它不是會改變你的意識狀態，就是會對你而言毫無意義。它只會喚醒那些已經準備好的人。如果你不知道覺醒是什麼意思，請繼續讀下去。只有當你覺醒時，你才可能了解這個詞的真意。」

覺醒的契機應該相當多樣，極大的失去和極端的痛苦都有可能成為覺醒的契機。每個人覺醒的瞬間都不盡相同，那個瞬間同時也稱為「神的時間」。當你準備好的時候，你就會像是花朵綻放一般覺醒。

關於覺醒所需要的條件，作者非常簡潔明快地如此說道。

「所謂覺醒，很重要的一部分就是去辨識出那個未覺醒的你——也就是小我，在小我思考、說話和行動的時候，辨識到它，並且辨認出那個受到集體制約的心智運作過程（它在未覺醒狀態中持久不衰）。本書揭示了小我的幾個主要面向，除非知道小我背後運作的基本機制，否則你無法辨識出它，而他會一直欺騙你，讓你一而再、再而三地認同它。『辨識出小我』這個舉動，正是覺醒發生的方式之一。當辨識出自己內在的無意識時，其實就是揚升的意識，也就是覺醒，讓這個辨識發生的。你無法與小我抗爭並且取得勝利，就如同你無法與黑暗抗爭一樣。你所需要的就是意識之光。你就是光。」

意思是說你只要閱讀本書，發現自己內在當中的小我，這麼一來你就會開始覺醒。不過這個時候，你的小我應該會開始執著於「批評」這本書，試圖讓它自己正當化。你要做的就是再次發現這只是小我的主張即可。

此外，本書的第一章再三強調了「轉化的急迫性」。究竟為什麼我們人類一定要在現在覺醒不可呢？

根據本書的說法，這是因為我們人類的精神其實一直處於「功能失調」的狀態，同樣的狀態已經再也無路可走的關係。用「功能失調」來形容人類的精神狀態，這是多麼貼切的指摘啊！絕大多數的人不管是面對多麼殘酷的事，都會認為「因為是人類所以沒辦法」。可是像戰爭、大屠殺、核能發電廠和破壞大自然等，難道真的是沒辦法的事嗎？本書中如此寫道：

「大多數人類所謂『正常』的心智狀態，其實隱含了一個我們可以稱之為『失調』甚至是『瘋狂』的重要元素。印度教的核心教導也許最能夠認清這種『失調』，其實是一種集體心智的疾病。他們稱為幻相之幕。印度最偉大的聖者之一馬哈西尊者（Ramana Maharshi），就曾經直率地指出：我們的心智就是幻相。毫無疑問地，人類的心智具有非凡的聰明才智，但是它的聰明才智卻因瘋狂而有瑕疵。在二十世紀的歷史中，我們最能夠清楚辨識出人類的功能失調和集體瘋狂。到了二十世紀末，人類因同胞暴力相殘而死亡的人數已經超過了一億人。這些人不僅是因為國家之間的戰爭而死，同時也死於大屠殺和種族滅絕。像蘇聯史達林時代，死於『階級敵人、間諜、叛國賊』罪名的人數高達兩千萬人，還有無法言喻其恐怖的納粹德國大屠殺。這種瘋狂不但沒有絲毫減少，而且繼續延伸到了二十一世紀。人類這種病態的集體顯化就是人類的核心狀態，構成了人類歷史的主要部分，也是相當程度的瘋狂史。人類的功能失調是來自於小我。地球上大部分的人類將很快認識到（如果他們尚未認識到的話）：人類現在面臨了嚴酷的選擇——進化或是滅亡。」

人類一旦聚集成群就會「瘋狂」。明白這個道理之後，歷史上發生的種種不合情理之事都可以獲得解釋。人類為什麼會製造核子武器？為什麼無法停止戰爭？為什麼會發生金融危機？為什麼無法放棄核能發電？這都是因為我們的內心當中存有「瘋狂」的部分。所有的問題都是從那個瘋狂的部分——小我當中誕生的；全都是因為我們將小我錯認成自己的關係。只要放棄小我，恢復成原本的自己，問題就能解決。

書中寫出了小我的錯誤自我運作方式，應該怎麼做才能跨越小我，還有小我的各種面貌。同時也清楚地說明有關我們內在當中的痛苦之身（Pain body，過去難以忘懷的慘痛經驗）、有關「活在當下」、有關「本我」等事物。另外這本書也告訴我們人生的目標並非「做了什麼事」，真正重要的是接受、享受自己是「什麼樣的人」，並為此燃燒自己的熱情等，我們想知道的一切全部都寫在這本書裡。

其中讓我印象最為深刻的一點，就是定義成功究竟為何。這裡的成功並非一般人所說的成功，而是「活在當下」，也就是有意識的生存即為成功。

「當你的作為中，充滿了本體那無時間性的品質，那就是成功。如果本體不能流入你的作為之中，如果你無法臨在，你會在所做的事情當中、在思想當中、在你對外在發生之事的反應當中迷失你自己」。

讀完這段話，讓我感覺到自己彷彿了解了人生的本質。除此之外還有許多智慧都濃縮在這本書裡。我由衷希望能有更多人閱讀這本書。

【譯註13】《當下的覺醒》：劉永毅譯，橡實文化出版。原書名為《*Stillness Speaks*》。

後記

當我們為了統整這本書而重新翻閱自己過去翻譯的書、以及喜歡的書之後，我們發現真的還有很多很棒的好書。儘管每一本書都有其不同的寫作方向，但是在人類的進化過程中，每一本書都不約而同地寫出了這個世界的焦點將從原本一面倒向金錢、物質與科學的情況，再次集中在生命、心靈、愛、精神、靈性，以及神聖的事物上面。相信在這個時代裡，我們再也不能因為科學無法證明就妄下斷語認為此事不存在。真正最重要的事物其實是無法憑肉眼得見的。往後的時代，我想人類應該更加著眼於靈性方面。發現自己內在的神性，並學習這份神性所指引的生存方式。不這麼做的話，我們可能就再也無法向前邁進。

我們由衷地希望能有更多人對於嶄新的靈性有所關心，同時也由此獲得動力，在這二十五年來持續不懈地翻譯。對於將來，我們抱持的是某種樂觀的看法。因為我們知道到目前為止，每當人類碰上危機時，都能發現某種飛躍式的方法促使生命存續至今。人類是有能力克服危機的。雖然人類有自私自利這項缺點，但是在我們每一個人的體內都寄宿著一個神聖的靈魂，希冀總有一天會因為某個契機而甦醒。如果這本《在書裡遇見未知的自己》能夠多少幫助您的靈魂更進一步地覺醒，那就是我們無上的喜悅。與這三十本書相關的各位作者、譯者、編輯，還有出版業者，我們在此獻上由衷的感謝之意。

另外，我們也要向不只負責企劃這本書，同時更耐心十足地鼓勵我們的ＰＨＰ研究所文藝出版部四井優規子小姐，致上最高謝意。

二〇一一年十一月

山川紘矢．山川亞希子

國家圖書館出版品預行編目資料

在書裡遇見未知的自己：高靈送給人類的 30 本靈性書籍 / 山川紘矢, 山川亞希子作；江宓蓁譯.
-- 初版. -- 新北市：世茂, 2013.01
面；　公分. --（新時代；A18）

ISBN 978-986-6097-76-8（平裝）

1. 推薦書目

012.4　　　101023416

新時代 A18

在書裡遇見未知的自己：高靈送給人類的 30 本靈性書籍

作　　者／山川紘矢、山川亞希子
譯　　者／江宓蓁
主　　編／簡玉芬
外約編輯／何語蓁
責任編輯／賴曉錚
封面設計／夏那設計 季曉彤
出 版 者／世茂出版有限公司
負 責 人／簡泰雄
地　　址／（231）新北市新店區民生路 19 號 5 樓
電　　話／（02）2218-3277
傳　　真／（02）2218-3239（訂書專線）
（02）2218-7539
劃撥帳號／ 19911841
戶　　名／世茂出版有限公司　單次郵購總金額未滿 500 元（含），請加 50 元掛號費
酷 書 網／ www.coolbooks.com.tw
排　　版／辰皓國際出版製作有限公司
製　　版／辰皓國際出版製作有限公司
印　　刷／長紅印刷事業有限公司
初版一刷／ 2013 年 1 月

I S B N ／ 978-986-6097-76-8
定　　價／ 280 元

黏貼處

電話：(02) 22183277
傳真：(02) 22187539

世茂好書・豐富心靈

世潮精典・智慧同行

231新北市新店區民生路19號5樓

世茂
世潮 出版有限公司 收
智富

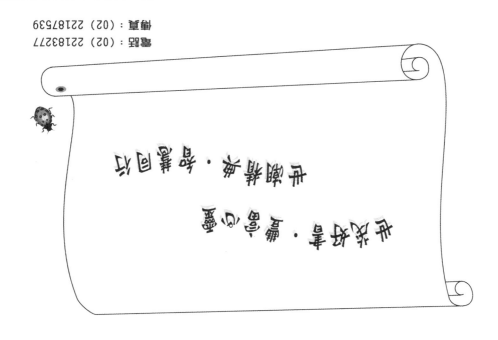

黏貼處

請沿虛線剪下裝訂寄回，謝謝！

讀者回函卡

感謝您購買本書，為了提供您更好的服務，歡迎填妥以下資料並寄回，
我們將定期寄給您最新書訊、優惠通知及活動消息。當然您也可以E-mail：
Service@coolbooks.com.tw，提供我們寶貴的建議。

您的資料（請以正楷填寫清楚）

購買書名：________________________________

姓名：________________ 生日：______年____月____日

性別：□男 □女　E-mail：________________________

住址：□□□______縣市__________鄉鎮市區__________路街
______段______巷______弄______號______樓

聯絡電話：______________________________

職業：□傳播 □資訊 □商 □工 □軍公教 □學生 □其他：______

學歷：□碩士以上 □大學 □專科 □高中 □國中以下

購買地點：□書店 □網路書店 □便利商店 □量販店 □其他：______

購買此書原因：____ ____ ____ ____ ____ ____（請按優先順序填寫）

1封面設計　2價格　3內容　4親友介紹　5廣告宣傳　6其他：______

本書評價：____ 封面設計 1非常滿意 2滿意 3普通 4應改進
____ 內　容 1非常滿意 2滿意 3普通 4應改進
____ 編　輯 1非常滿意 2滿意 3普通 4應改進
____ 校　對 1非常滿意 2滿意 3普通 4應改進
____ 定　價 1非常滿意 2滿意 3普通 4應改進

給我們的建議：